编委会

Daxue

Chuangyi Xiezuo

Shixun Jiaocheng

大学创意写作实训教程

江　冰

黄健云

主　编

暨南大學出版社
JINAN UNIVERSITY PRESS

中国·广州

图书在版编目（CIP）数据

大学创意写作实训教程／江冰，黄健云主编．—广州：暨南大学出版社，2017.9（2025.8 重印）
ISBN 978－7－5668－2153－9

Ⅰ.①大…　Ⅱ.①江…②黄…　Ⅲ.①汉语—写作—高等学校—教材
Ⅳ.①H15

中国版本图书馆 CIP 数据核字（2017）第 240289 号

大学创意写作实训教程
DAXUE CHUANGYI XIEZUO SHIXUN JIAOCHENG
主　编：江　冰　黄健云

……………………………………………………………………………

出 版 人：阳　翼
责任编辑：潘江曼
责任校对：彭　睿
责任印制：周一丹　郑玉婷

出版发行：暨南大学出版社（511434）
电　　话：总编室（8620）31105261
营销部（8620）37331682　37331689
传　　真：（8620）31105289（办公室）　37331684（营销部）
网　　址：http：//www.jnupress.com
排　　版：广州良弓广告有限公司
印　　刷：佛山市浩文彩色印刷有限公司
开　　本：787mm×960mm　1/16
印　　张：11.5
字　　数：210 千
版　　次：2017 年 9 月第 1 版
印　　次：2025 年 8 月第 8 次
定　　价：35.00 元

序

创意写作学科在中国蹚过了引进创生阶段的湍流，进入本土化建构的航道。江冰教授身兼世界华文创意写作协会副会长，既是创意写作学科引进创生阶段的开拓者，也是本土化建构的推动者，他推动了创意写作学科本科教学体系的本土化打造。2015 年，在他的带领下，广东财经大学中文系成为我国较早开设创意写作本科专业的高校院系之一，这标志着中国高校中文系教改的一大进展，中国高校中文系开始面向创意产业培养既有基本文学理论知识素养，又有实际创意文本创作能力的专业人才。

本书由江冰教授带队，由黄健云、杨厚均、刘伟、冯汝常、许峰、王雷雷、曾令霞、张立勇、巫连心、胡睿臻、阮娟等知名学者和青年专家一同完成，集中展示了创意写作学科近年来的中国化进展。

第一，聚焦“创意能力激发”，重视“创意思维训练”。

与传统应用写作学不同，创意写作学强调思维第一性，重视思维训练，尤其看重创意思维训练。本书集中了江冰教授团队创意写作教育教学研究的重要成果，拿出了有理论说服力、经过课堂实证拥有实践效果的方案方法。通过大量例证的具化，用本书来培养学生的创造性思维，学生容易“进入”，教师容易“把握”。本书很好地回答了“创意如何激发”的创意写作教育和学习问题。

第二，紧抓“写作能力训练”，注重“创作成果导向”。

创意写作学科要开展硕士、博士、博士后培养，要培养尖端创作者、创意产业推动者、创意写作学科领导者；同时也要以创作能力为导向，培养创意产业一线从业人员，创意写作需要有像北京大学、复旦大学、中国人民大学、上海大学这样的研究型大学的推动，也需要有更多地方普通院校的参与。如何提高创意写作教育教学质量，为地方培养实战型创意写作人才，服务地方创意产业发展？正如江冰教授所言，“如何在师资力量有限、学生基础一般的情况下依然能有效地完成创意写作的教与学”，这是实实在在、无法回避的问题，也是事关创意写作学科生命力的大问题。

紧密结合当下社会实际，“脚踏实地”地“仰望星空”。教材是要用于教书育人的，教材是要启发教师，引领学生的。创意写作如何从象牙塔中走出，与社会文化生活结合，和当下创意产业结合？这是个大问题，我们需要大师级的文创工作者，也需要服务基层的文艺工匠；既需要“创意大师”，也需要“文学写手”。如何把高标和基础结合起来，既有高标引领，又有基础把握？常常一本书不容易同时处理好；但是，这本书，处理好了，它非常适合地方普通院校在教师人数少、学生刚刚入门的情况下展开创意写作教学，让学生快速入门，让教师快速上手。实践证明，这些探索是成功的，广东财经大学自2015年正式开办汉语言文学（创意写作）专业方向以来，已经为广东地区培养优秀创意写作人才，为全国知名院校输送众多优秀研究生，他们在各自的工作和学习岗位上都获得了认可。

非常感谢广东财经大学、玉林师范学院、湖南理工学院、三亚学院等院校的文学院院长和同仁，他们联手打造了这部以创意激发为主线，以案例教学法为重点，以充分的实践性为特色的教材，这是创意写作学科近年来非常重要的一项成果，显示了当下创意写作在华南地区的特色发展之路及其对全国来说具有的借鉴意义。

葛红兵
2017年7月于沪上

目　录

绪论　创意写作——传统中文专业转型的突破口

2015 年 6 月，我们赴上海大学出席首届世界华文创意写作大会。出席大会的有来自澳大利亚、新西兰、新加坡、中国的一百多名创意写作者、创意教育者和创意产业界代表。各界人士齐聚会堂，围绕创意写作理论与教学、创意产业园创力提升等议题展开交流。第一次直面创意写作学科，明显感到两个趋向：一是以上海大学葛红兵教授为首的中国创意写作学科团队，竭力争取这个学科在中国落地的合法性；二是教育界、产业界、文化创意界纷纷表达对创意写作人才的需求以及看好创意写作学科的发展前景。

2016 年 9 月，全国创意写作大会在北京召开，关于创意写作学科合法性的努力进一步呈现结果。这次会议的一个创举在于，安排来自高校的学者和活跃于创作一线的作家面对面，就创意写作的具体问题展开热烈探讨。据统计，全国已有逾百所高校开设了创意写作课程。与创意写作相关的话题一直都在热议中——创意写作培养的是作家还是写手？它与传统文学创作是否可以融合？它应该服务于文化工业还是追求人文关怀？它将给高校文学教育及整个文学生态带来怎样的变革？中国的创意写作如何找到自身特色，又如何与国际接轨？争论相当激烈，每位代表从各自的立场、出发点出发表达出不同的诉求。

中国人民大学的观点比较正统，偏于文学领域。中国人民大学出版社出版的一系列创意写作教材也大多在文学创作领域。其代表刁克利教授认为，作家的培养和生成机制是一个系统工程，创意写作只是其中一环，对于作家培养，能有所为，也有所不为。可为的方面有四：一是图书资源与文学传统的继承。写作学习的重点是临摹经典，如何读书、选书，是创意写作项目可以教的。二是写作资源。教会学习者找到自己独特的写作素材。三是写作视野和能力。四是写作的氛围。创意写作项目和作家班对写作学习者最大的激励是写作氛围和精神支持；教师的作用在于引导、创造一种良性的氛围，让学生相互激励，遇到问题时有人提供帮助。因此，作家的观察意识和写作能力，对待批评的态度和包容吸纳能力，是创意写作课堂的中心。

作为国内首家引进创意写作的高校，上海大学似乎更具有创意写作学科的精神。上海大学中国创意写作中心执行主任葛红兵教授介绍：“国外对创意写作教学也有各种争论。比如，美国的高校在引进创意写作专题教师时，就产生过两种思路：一种是编辑和批评家教学，另一种是作家教学。最近，哈佛大学、斯坦福大学等高校有了一些小小的转型，允许创意写作研究的理论家来授课，哥伦比亚大学的教师中还有一个是机器语言学家……但是，总体上还是以请作家来教学为主。中国的高校目前也在建立各种各样的驻校作家制度。”

上海财经大学教授吴炫却持不同的看法。他认为，“创意写作不是一种技术性的训练，它可以包含但不能停留在这个层面。创意必须突破作家任何原有的构思，如技巧运用、细节处理乃至创作方法这些东西，因此，它不是一种‘学习’，也就是说，不应是介绍既定作家的写作技巧和写作方法；而应该是‘审视’，如何审视过去的创作并找到新的突破点，才是创意写作的根本”。对于“创意”的内涵与意义，吴炫提出了更深层次的，即突破既有文化观念束缚的思维方式和价值取向的要求。

南通大学文学院范钦林教授也有相似的看法：创意写作的野心正越来越大，想将传统写作内容全部容纳进来，但这会使创意写作的本体变得越来越模糊。应该认清，创意写作是文化工业的产物，与传统写作有着本质性的区别。他着重强调了两者的差异：“传统写作是个体性的，创意写作有集体性。传统写作产生于农耕社会，创意写作的产生背景是后工业社会。传统写作是天才的事业，创意写作是‘天才＋普通人’的事业。传统写作是独创性的，创意写作是类型化的，当然，这种类型化中包含着一定的独创性。传统写作更注重个体的表达，创意写作更注重经济性。两者的‘引力’也是不同的，前者引向经典化，后者引向全版权运营，即其中的要素可改编成影视、游戏、动画等。”

“创意写作已经到了跨越式发展的关口，未来应该注重平衡。”葛红兵教授对趋势做出了自己的判断，“虚构和非虚构写作方面要重点向非虚构方面倾斜，纯文学写作和产业化写作方面要向产业化写作倾斜，然后从欣赏性文本向活动性文本倾斜。在人才队伍建设方面，要向全社会开放，而不仅仅局限在校园”。平衡，开放。顺着这条路，创意写作将吸引越来越多的人，唤醒越来越多的人，让多数人能更精彩地表达自身。葛红兵的观点更具有当下时代性与开放性。

不厌其烦地引述各家观点，目的在于让读者辨析出纯文学、经典文学、市场化写作各家各派，在创意写作学科面前的不同理解与不同切入点。理念目标不同，显然教学实践的侧重点也就不同，甚至在谈不同的问题，聆听各家观点后，发言也会偏于务实：创意写作要分层次、分方向来发展。高校要结合自身实际，比如上海大学有博士生点，复旦大学、北京师范大学主要是硕士生培养，而像我们这样的本科院校，给学生的承诺更多的是培养写手。博士生的培养可能更多涉及理论探讨、关注学科合法性的问题；硕士生可以做一些写作训练，以期将其培养成出色的作家；而我们的学生将来不一定会从事写作的工作，可能会进入企业或公共文化机构，他们在了解文化消费和文学生产这个领域的同时，又有基本的写作能力和鉴赏能力。这可能对大学创意写作教育更有帮助。

2017 年，笔者在读到美国哈金教授对创意写作的理论以及教学实践的方法时认为，哈金教授的创意写作属于较纯粹的文学创作，教学对象主要在研究生层面。而笔者所任职的广东财经大学开设的创意写作课程，重点在培训本科中文系学生的写作能力。这种能力并不仅限于文学创作，更多的是进入市场环境后的实用性写作。文学与其说是一个主要领域，不如说我们更看重的是以文学为桥梁，通向职业人才培养的路径。与其说第一要事为学会写小说，不如说我们的教学重点在于借一种文体训练培养学生具有高出一般水平的写作能力，并由此取胜于人才市场。

在过去的三年中，笔者的人才市场化培养的决心愈加坚定。值得庆幸，笔者的观点得到了玉林师范学院文学与传媒学院院长黄健云教授、湖南理工学院文学院院长杨厚均教授、三亚学院人文学院院长刘伟教授的充分肯定，我们在玉林开了一个研讨会，明确了共同的教学目标与实践理念，决定一起完成一本适合“二本”院校大学创意写作教学的教材。因此，我们这本《大学创意写作实训教程》重在实际操作，即运用创意写作“召唤创意”与“表达创意”，期望通过一套有章可循的“实训程序”，达到提高学生写作能力的目的。我们强调的不是“怎么想”，而是“怎么写”，从哪里下手开始写作过程。我们期望通过一些具体路径，一些可以实操的方式，在教师指导下，切实可行地提高学生的写作能力，并使其对“创意”有一个比较清晰的认识。

简而言之，我们期望这本教材，避开宏阔的理论背景，避开文学作品欣赏，直接切入写作行为，直接切入市场需求。甚至对创意写作并没有太多了解的教师与学生，都可以通过本书迅速且有效地了解市场化写作。我们进一步期望：这是一部高质量与低门槛的书。“高质量”指它以创意写作的原理为基础，以国内现有的创意写作教学经验为主要依据，以实训方法为立足点，以大量写作案例为观摩对象，以充分的实践性为教学重点，参考国外创意写作活动案例，设计可靠的创意写作实训方法。“低门槛”指可以让尚未经过创意写作专业学习的教师，通过对本书的研习，能够直接进入创意写作教学的实际操作流程；也可以让尚未经过专门写作训练，甚至非文学专业的学生，通过学习本书提高自己的创意能力、写作能力。两相结合，充分兼顾学生学习的便利性和教师授课的有效性，尊重创意写作的教学规律和经验，重视写作中召唤创意的思维激发过程，通过若干个具体的教学设计来循序渐进地展开教学活动。

从实训教材的教学目标来看，一个文学修养尚待提升的学生，依然可以成为合格的创意写作写手。因为，笔者看到了由于高考模式导致的语文教学僵化，以及由此对于大学中文专业学科建设的负面影响。笔者痛感传统中文专业在当下人才市场激烈竞争中的软弱无力。笔者期望本专业的学生们比其他专业的学生更会写，也更会表达。由此胜人一筹，在职业生涯中获得一份竞争力与保障。或许，这也是创意写作如何成为传统中文专业转型的突破口的希望所在。

第一章 “回忆”写作

一、教学要点

“回忆”写作，是一种基础性的写作练习。这种写作练习通过具体的思维激发的方式，引导学生向内在的个体经验寻找写作的灵感与素材，并将所获得的资源整合为文字作品。

在“回忆”写作的练习中，我们提倡使用描述性的语言来展开写作，即使用生动、形象的语言将具体事物或者抽象事物的情态准确地展现出来①。“回忆”写作的初期作品只是一个文字的片段。通过讨论和修改，这段文字将最终成为一篇回忆性的散文。同时，此类写作练习，将在技术层面帮助写作者磨炼细节写作的基本功力。

内在地审视个体经验，是写作者寻找写作灵感和素材的一种有效途径。

二、创意原理

（一）创意的发生

赖声川在《赖声川的创意学》中说，创意发生的根源：一是人类社会发展的需求、生产的需要；二是人类的好奇心。前者，如农业文明时代新农具的出现，乃是农业生产的需要；后者则侧重于人类个体的智慧，类似于我们通常意义上所理解的创作的“灵感”——创意的发生、表达的需要，或是艺术与美学的追求等。“创意是生产作品的能力，既新颖（具原创性、不可预期），又适当（符合用途，适合目标所给予的限制）。”②

创意发生的过程浸淫于作品创作的过程，是“构想 + 执行”的过程。创，即欲望、构想，内心的冲动、表达的动机；作，即执行——也就是把内心想法转化为作品的过程。创意不是路边的野花，可以被路人随意摘取；创意大多数

---

① 参见董小玉．现代写作教程［M］．北京：高等教育出版社，2009：103.

② 参见赖声川．赖声川的创意学［M］．桂林：广西师范大学出版社，2011.

时候以灵光一现的“灵感”的形式展现；灵感有时候被某个外在事物触发，似乎来得毫无道理。但是，无论在写作之初得到它、写作过程中发现它，还是创作结束时才体会到它，它都存在于你创作之路的某个地方。

所以，对于写作者来说，只有开始“写作”这个动作，将自己投入写作的过程（包括产生动机、准备写作、构思作品、动笔创作、作品修改等），或投入具体的创意活动，才能真正获得完整的创意。

（二）自我表达的实现

作为社会人的人类个体，具有天然的交流需求；根据马斯洛的需求理论，这属于人类的“社会需求”层次，即人的“社会属性”之一。

每个个体天生都会表达自我：初生婴幼儿以不同音频的哭泣声来表达喜怒哀乐；牙牙学语的孩子以简单的口语表达自己的想法；人们在社会化的过程中学会交流，并成为社会人；写作者则在不断的写作练习中，学习使用语言文字进行表达、交流。可见，与其他技能一样，写作是被人习得且具有社会属性的一种社会实践活动。

创意写作，在重视创意的基础上，在技术层面把写作视为可被教学的技巧——纯熟的写作技巧，正是“最高阶”的表达方式和交流方式。

精确的表达如何才能达成？表达者需要充分了解将要表达的信息，这是精确表达的前提。

“自我表达”成为首选的写作挑战“项目”，因为相对于外在世界来说，人们更便利也是更容易去了解自己及与自己关系最密切的事物。

于是，个体经验便成为实现“自我表达”的一个基础关键词。

（三）个体经验的获得

我们把“进入写作者视野”的个人经历称为“个体经验”。用“经验”这个词，以区别于“经历”，是因为人们经历的事情很多，但并非所有经历过的事情都能转化为个体经验。

比如，一个人每天回家都走同一条路。于是，在多次的、主动或者被动的关注后，这条路上的情景最终深入其回忆里，他是如此熟悉“它”，“它”就成为他的“经验”。“熟视无睹”是无法产生此类积累的。比如，即使在你熟悉的路上，与你擦肩而过的路人甲则不大可能进入你的个人经验范围，除非他外貌奇特，令你瞩目。如果有一天，这条路上发生了“意外事故”，你对此印象深刻，于是迫不及待地想向你的朋友倾诉。那么这“事故”就是你的经验。

我们日常“遭遇”的信息太多，只有引起我们注意的那一部分才会成为我们的经验。比如：你身处嘈杂的酒吧中，周围很吵；你听到你的名字在别人口中出现，你会将视线转向声音发出的方向，有这样的反应是因为“你的名字”这条信息是跟你相关的。我们所注意到的信息，总是令我们印象最深刻、对我们影响最大的；而对于创意写作来说，我们所注意的种种信息，将转化为我们的个体经验，并成为创意发生的土壤。

在了解了人们个体经验从何而来之后，写作者便可以自觉提升对生活的敏感度，以敏锐的眼光看待自己的经历、周围的世界，然后有意识地将这些观察、思考记录下来。

从自我意识觉醒的时候起，人们对自己的关注就远远超过了对外在事物的关注。个体与外在世界产生的交流，是自我观察、自我反省、自我成长的方式。人们在审视自己与外在世界的关系的过程中，逐渐成为社会人，既习得“社会人的共性”，又相对应“挣扎着”保持自己的个性。

每个人都应珍惜自己的个性，也珍视自己在这个世界上所遭遇的事情、所产生的情绪，这是创意萌芽的土壤。创意，对于具体的创意者来说，它是以个体经验为基础的。

本章将“回忆”作为写作练习的基础性关键词，是因为个体经验与“回忆”重叠度非常高，“回忆”是创意者最容易使用的个体经验。

（四）表达通道的打通

内向发掘的个体经验作为创意写作的灵感与素材，是创意写作活动中行之有效的途径。

因此，在写作练习开始之前，写作练习中的引导者（工坊制教学中的“老师”）要做的是以合适的途径施加外在刺激，帮助写作者唤醒内在的写作欲望，并找到写作的方向与素材。老师将写作者引入一种理想的境界，让写作者充满表达的欲望，“非说不可”，然后再使用文字描述自己想要表达的信息，以扫清写作障碍、打通表达的通道。

然后，写作者才能毫无阻碍地展示自己所要表达的信息——情感、事件、观点等。在本章的写作设计中，写作活动的引导者制造情境，并在特定的情境中，用关键词刺激写作者的大脑，引发写作者的回忆、唤醒表达欲望、发现表达的内容。

在这个过程中，老师需要引导写作者进入一个理想状态，即“忘我”的状态：忘掉所有的顾虑，向自己人生经验的最深处去挖掘，寻找表达的信息，然后本真地将其不加修饰地表达出来。

在这个过程中，唤醒个体经验与打通表达通道是同时发生的，其联结纽带就在于写作的具体动作。

三、写作设计

在本章的写作教学设计中，我们会选择既能引起大家共鸣，又能让大家保持写作个性的话题来设置情境，以引导写作者进入情境、开始表达。这一类的写作关键词是旅行、爱情、自我介绍等。

下面是几个具体的写作设计。

（一）一份有创意的自我介绍

这里将以“自我介绍”为话题，来展示一个情境写作的案例。

在“自我介绍”这个话题之下，我们首先需要使用一些导语，将大家引导到一种情境中。例子如下。

导语：

请大家放空自己的思绪，仔细回想最能代表自己的个性/细节，或者某次令你窥看到自己心灵的经历，或某个美好的回忆等。假设，你坐在一个空屋子里。你的对面有一个人——他/她也许是另一个自己。他/她是你的日记本的化身，你可以对其畅所欲言而无所顾忌。他/她非常想了解最真实的你，于是便轻轻地问你：“在你心中，哪个是真正的自己？哪个是‘伪装者’？哪个是‘冒牌货’？你最喜欢什么？最讨厌什么？你最后悔的事情是什么？最不后悔的事情是什么？……”

要求：别人读完成的文章，便知道作者是你。

在情境引导的过程中，有时候我们需要一段音乐、一些成熟的案例、几个有效的关键词等来刺激大家追溯自身的经验。

名人名家自我介绍的案例将被我们观摩：

舒舍予，字老舍，现年四十岁，面黄无须。生于北平，三岁失怙，可谓无父。志学之年，帝王不存，可谓无君。无父无君，特别孝爱老母，布尔乔亚之仁未能一扫空也。幼读三百千，不求甚解。继学师范，遂奠教书匠之基。及壮，糊口四方，教书为业，甚难发财；每购奖券，以得末彩为荣，示甘于寒贱也。二十七岁，发愤著书，科学哲学无所懂，故写小说，博大家一笑，没什么了不得。三十四岁结婚，今已有一女一男，均狡猾可喜。闲时喜养花，不得其法，每每有叶无花，亦不忍弃。书无所不读，全无所获，并不着急。教书做事，均甚认真，往往吃亏，亦不后悔。如是而已，再活四十年也许能有点出息！

——老舍先生的自我介绍

姓贾，名平凹，无字无号，娘呼“平娃”，理想于通顺，我写“平凹”，正视于崎岖，一字之改，音同形异，两代人心境可见也。生于1952年2月21日。孕胎期娘并未梦星月入怀，生产时亦没有祥云罩屋。幼年外祖母从不讲甚神话，少年更不得家庭艺术熏陶，祖宗三代平民百姓，我辈哪能显贵发达？原籍陕西丹凤，实为深谷野洼；五谷都长而不丰，山高水长却清秀。离家十年，季季归里，因无衣锦还乡之欲，便没“无颜见江东父老”之愧。先读书，后务农，又读书，再弄文学；苦于心实，不能仕途；拙于言辞，难会经济；捉笔涂墨，纯属滥竽充数。若问出版的那几本小书，皆是速朽玩意儿，哪敢在此列出名目呢？如此而已。

——贾平凹先生的自我介绍

中学生，副教授。博不精，专不透。名虽扬，实不够。高不成，低不就。瘫趋左，派曾右。面微圆，皮欠厚。妻已亡，并无后。丧犹新，病照旧。六十六，非不寿。八宝山，渐相凑。计平生，谥曰陋。身与名，一齐臭。

——启功先生66岁时候的自我介绍

诺贝尔，呱呱坠地之时，小生命差点断送在仁慈的医生手中。主要美德：保持指甲干净，从不累及他人。主要过失：终身不娶，脾气不佳，消化力差。唯一愿望：不要被人活埋。最大罪恶：不敬鬼神。重要事迹：无。

——科学家诺贝尔的自我介绍

在各种独具个性的作品的展示之后，大家可以讨论一下：哪种“自我介绍”是你最喜欢的？哪种风格是最吸人眼球的？

在讨论的时候，写作者可以很快地进入写作的情境之中。进入情境可能需要5～15分钟的时间，接下来写作者就要开始动笔了。

第一次写作的时候，我们可以参考李华老师的“自由写作法”：在充分调动自己的创意之后，快速地、精神集中地记下脑中的信息，暂时不要在意错别字和病句，只要尽量快速地写下来！①

在第一次类似的写作练习中，有时候写作者可能会因为写作成规限制、性格保守、态度犹豫而产生写作障碍。此时，老师可以通过“经验分享”“共同创作”等方式，与大家一起进入情境，产生认同感。

在一个放松的情境中，写作者将实现“打开自己”的“忘我”状态，产生表达的欲望，然后迅速将脑中思维迸出的火花记录下来。有时候，在这样的情境下，伴随脑力风暴产生的文字作品显得有点凌乱——因为写作者在思维爆发之后，大脑运转太快，笔端的文字跟不上脑中思维的信息输出。不要在意这些细节，这时候我们需要保持“写作”这个动作的热度。

写作不是一蹴而就的事情，后期的修改有时候比第一遍动笔花费的精力更多。但第一次动笔的过程，其实就是记录自己思维火花的过程；在创意思维发生的过程里，这是一个基础。

作业案例：

A. 我是王美丽，性别：仙女。最后悔的事是来到人间，要自己收拾东西，活着还费钱。最不后悔的事也是来到人间，因为人间好看的人太多了，每天目不暇接。身为仙女，最大的不便就是上课睡觉，因为一不小心翅膀就会拍到别人。哦，请您不要追究仙女是否会有翅膀这个问题，我说有就是有，我是仙女还是你是仙女啊?! 仙女在人间，要掩饰身份，可还是有很多事情会暴露我。比如，聪明、机智，以及“路见不平一声吼”。怀着“大无畏解放人类”的伟大理想，本仙女保持着从初中到高中，每年一次去德育处和主任促膝长谈的纪录。

遗憾的是，无论我做了什么，家里人都觉得我很乖。看来这是属于仙女的障眼法特权……

点评：这是一份语言俏皮活泼，且文字风格非常有辨识度的自我介绍！

B. 鄙人，中文系女子也，既谈古，又论今，琴棋书画略晓一二，政治时事略懂皮毛。晓文，还喜武，诗情画意能书几分，打球锻炼能耍几回。好强善

① 参见李华．写出心灵深处的故事［M］．北京：中国人民大学出版社，2014.

良还八卦，追星就追李敏镐。踏实奋进略有想法，舞文弄墨也很潇洒。古灵精怪脑洞多，骨骼清奇猜不透。高歌一曲奇女子，不求闻达天下，但求活得洒脱。

点评：像是押韵的顺口溜，语言纯熟、文白夹杂，读来令人莞尔。

C. 我是一个表面看起来十分文静，但其实内心戏非常多的闷骚姑娘。因为不善于口头表达却习惯于文字叙述，导致话越来越少，有点怕生怯场，所以第一眼看起来很“文静”。但和我相处久了之后，你就会发现我是非常典型的水瓶座。我经常发呆进入个人世界，并展开天马行空的想象；也会言辞犀利直率，吐槽一针见血，抽风又搞笑。我最大的爱好是吃和睡。首先，我的人生奥义就是“吃”，出行也是先考虑“去哪里吃”“吃什么”和“怎么吃”的原则问题。然后是“睡”，这也是“懒”的一种表现，能坐着绝不站着，能躺着绝不坐着，并妄想变成一只树袋熊。

点评：这份可爱的自我介绍源于少女细致的自我观察，有趣而真实！

D. 这世上大部分人都是复杂而又矛盾的，我也不例外。关于我的性格，有这样的三个小标签：依赖性与独立性并存、柔弱但不软弱、固执却不顽固。

我的人生关键词有三：“爱”“责任”与“尊严”。我喜欢小动物，最爱猫和狗。我最惬意的时候就是和猫咪一起坐在阳台的摇椅上晒太阳，狗狗在我脚边懒洋洋地躺着。我也喜欢小孩子，愿意花上大半天的时间同他们玩，所以，在小侄子和小侄女那里我是很受欢迎的阿姨或姑姑。我恋家、爱家，还是个“弟控”。我有个小我十三岁的弟弟，他是我的珍宝，也是全家的珍宝。

我始终坚信不麻烦别人的人是善良的人，这也让我很多时候多少表现出拒人于千里之外的感觉，但我就是这样的人。我成长的这一路，如《项脊轩志》里所说，“多可喜，亦多可悲”。欢愉时有，悲痛也未尝不来，而这才像成长，才是人生。

点评：这是一段以真诚打动人的文字，作者对自我的观察和认识带着一点点反省的精神，造就了一份感性和理性并存的自我介绍。

（二）你生命中最重要的事

按照情境写作的步骤，在“回忆生命中最重要的事”这个话题之下，我们需要使用一些策略，将大家引导到一种情境之中。

比如：在昏暗的环境中，播放舒缓的音乐，并同时使用有倾向性的语言作为导语。

导语：

在大家已经度过的人生中，总有一些事情是永远难忘的：某次暑假的打工、某个灵异事件、某段特殊经历……它可以是奇妙的、光荣的、可怕的、受启发的、失望的、高兴的……请大家仔细回忆几分钟，然后列出你生命中的十大经历，每个经历写一句话，一共写十句话。

在十五分钟的时间里，写作者将完成“生命中的十大经历”的写作。写作完成后，在写作者们的情绪尚未平复的时候，写作者之间需要两两一组，将作品互相交换、阅读、讨论，在对方的“十大经历”里面，选择自己最感兴趣的一件事情，并做记号。

下面，将要对写作者发布第二个要求：

就被选择的事件，使用描述性的语言，对它进行两百字的细节描写。

要求：尽量少使用评价性质的形容词，避免旁白和介绍性叙述。

参考：假设角色很伤心，可以用“她的身体一直在颤抖，抽泣着几乎说不出话来”这样描述行为的句子来表达，而不是“她是如此地难过”。

作业案例：

A. 生命中的十大经历：

1. 八九岁时在未经过父母同意而且未学会游泳的情况下，我偷偷和小伙伴跑去小溪里游泳，至今想起都觉得十分后怕。

2. 小时候跟小伙伴一起玩时，不喜欢弟弟跟着，总想设法甩掉他。有一次，我冲动地打了弟弟一巴掌让他别跟着我。那时他很小，现在想起来我很心疼和后悔。

3. 小时候，我跟外婆一起逛街。

4. 小学四五年级时，我参加比赛拿回几张获得的荣誉证书，妈妈脸上的喜悦和骄傲让我难忘。

5. 上高中时我住校的第一晚一直睡不着，十分想家。

6. 高一时，我第一次体验军训，非常辛苦。站在烈日下暴晒一整天，我的脸上火辣辣地疼。

7. 高考考语文时，我紧张的手一直在抖，作文几乎没写完。

8. 跟朋友一起去阳江，我第一次看到大海。

9. 高中毕业后，我第一次去工厂打工并在外住宿。

10. 我和闺蜜一起第一次去广州长隆欢乐世界玩垂直过山车。

后来，根据同伴的建议，写作者对事件 8 做出了细节描写：

站在大海边远眺，无边的天空与大海连成一线。幽暗的夜空点缀着点点星光，仿佛不安分的孩子不肯睡眠，非要眨着晶亮的大眼睛观察黑夜。当静止的星空倒映在流动的大海上时，暗蓝的海面上泛着片片银光，在海浪的推动下那跃动的亮光犹如羞涩的少女在舞动，一下又高高跃起骄傲地站在浪之巅，一下又优雅地旋转着缓缓前进……多美的夜海景啊，我不禁在心中默叹。我慢慢地朝前走去，在接触到浪花的地方停下。踩着柔软的细沙，清凉的海水拂过脚背，带走了夏夜的炎热。此时此刻，我什么都不愿想了，只愿意听着海浪声，感受着温柔的海水，就这样静静地享受心中的宁静。

点评：写作者记录了自己人生中的许多个令自己印象深刻的第一次，并把其中的一次见到大海的情景细腻地描述了出来。使用描述性的语言还原了当时的场景；海边的夜与作者流淌的文字一样美。

B. 生命中的十大经历：

1. 高考完的那个暑假我第一次去打工，感受到了资产阶级的“温暖”。

2. 上个学期的一天，我一个人在宿舍里发呆，感到寂寞、痛苦、挣扎。

3. 和同学去鬼屋，“鬼”向我飘过来。我害怕得不行，不小心打了扮鬼的工作人员，后面一排扮鬼的工作人员都笑了。

4. 班游的时候喝醉酒，我当着同学们的面痴笑、狂笑、奸笑……

5. 来大学报到的那天，在寝室第一次见到舍友，觉得她太美了，我紧张得手心冒汗。

6. 小时候太顽皮，妈妈戏言我嫁不出去了；然后，我用特殊手段“威逼利诱”班上的一个小男生跟我回家见我妈。

7. 在陪伴了我十年的猫——“街街”即将老去的时候，我陪在它身边，尽最大的努力，让它感觉温暖。无憾！

8. 高中的时候受到某个打击，我突然醒悟要发奋学习，成绩从全级332名上升到51名，惊呆了班主任，爸妈很开心。

9. 做阑尾手术的时候，麻醉药生效之前，医生诡异地笑了。

10. 高烧烧到40度，我意识模糊，昏睡了两天。

根据同伴的建议，写作者对事件5做了详细描述：

2015年9月24日，在坐了好几个小时的大巴之后，我终于来到广东财经大学。搬着沉重的行李，绕了几个弯，我气喘吁吁地来到寝室的门口。没想到屋里已经有人了，一开门，我就与她打了个照面。我很少紧张，那时却愣住了。她好美，有一股轻灵的气质：浓密乌黑的头发自然垂落于双肩，就像是一缕光滑柔软的黑色锦缎；更让我惊叹的是她那一双晶亮的眸子，像山雨欲来之际幽墨的天空般透露着神秘而深邃的力量。在我仍未反应过来时，她已扬起了微笑，脸上的涟漪迅速荡开，让我想起了方才校道上的秋风拂面。“你也是住这个宿舍的吧?”她问。我点了点头，心跳加快。聊了一会儿后，我们一同去领军训服，她自然地挽起了我的手。这个时候，我才发现我的手心不知道什么时候已经冒出了汗。

点评：作者所记录的人生中重要的事件，都是距离当下的时间比较近的且都是比较有趣的事情；可见作者是一个“活在当下”的小姑娘。她描述了自己与舍友的初次见面，真实而且充满了画面感。

（三）一段旅行的经历

除了以上两例，“旅行”“美食”“爱”等关键词也是适合在第一次情境写作时使用的话题。

以“旅行”为例。“旅行”是一个大家非常熟悉且充满魅力的话题。这个话题的共性在于：每个人心中都有一个远方。它可以是距离你很远的地方，也可以是距离你不远，但是你不熟悉的地方。个性在于：每个人的旅途都不同，即使相同的旅途，每个人所思所感也是不同的。

我们仍以导语来进入情境。

导语：

请大家放空思绪，来回忆自己的一次旅行。回想：我们是否曾经在某次旅行中与某人只有一面之缘。但是那个人甚至比你时常见到的人更令你印象深刻，或许你们萍水相逢，互相袒露心迹，然后下车挥别却不留下联系方式。

其他种种，譬如手绘的地图、迷路的经历、错过的班车、喜爱的纪念品、寄出的明信片……

通过这个导语，写作者将被引入特定情境，把自己记忆深处的某一段旅行经历引出。

营造情境的工具除了声情并茂的语言，还有音乐。在旅行的话题中，以下音乐可做参考：《旅行的意义》、《分开旅行》、*I' ve Never Been to Me*、*Traveling Light* 等。与此同时，音乐可以配上相关的照片和图画，甚至配上合适的灯光。

另外，绘本《第一次一个人旅行》[1] 也适合在旅行的话题下进行讨论。

作业案例：

C.

奔走于人生

远处黛青的山头开始泛了黄，而近处的马樱丹仍开得一派天真。开往厦门北站的高铁摩擦着夕阳的余晖和温暖的微风在轨道上飞驰。

这是属于我的第一次旅行。此时太阳已经慢慢落下，在群山的起伏中融化为一滩暖洋洋的银浆。望着车窗外飞逝的景致，我心中涌起对远方未知的期许和对家乡的些许不舍。此刻，车窗玻璃里流动着黄昏，而我的面孔如胶卷般叠印在玻璃上，半透明的人影背景是朦胧逝去的日暮，两者交融，如同莫奈的一幅印象派画作。

久了便倦了，我拿出带来准备路上解闷看的张错的诗集，随意翻阅，他在《丛菊》中这样写：

人生如寄的旅程里，
必有一丛菊花追悔的念头；
而人们酒后的谈兴中，
仍然逗留于——

---

① 此书是日本漫画家高木直子的绘本，由陕西师范大学出版社 2007 年出版。

枫林如何受创于夜露，
流下的眼泪，是菊花，
还是杜甫。

合上书，细细咀嚼这几句诗，还未读透，偶然进入我眼中的黄昏之景又吸引了我的视线：余曛以绛红渐次浸染碧霄，抹出大片的云蒸霞蔚，天空燃起了火烧云，四野的每个角落都被抹上了余晖的光泽。就在这样一幅令人惊心的画卷上，映出了另一张面孔，疲倦而忧郁的一张面孔。原来，是坐在车厢对面的同行的旅客，一个消瘦的少妇。在刚上车时向她打过招呼，知道她是厦门本地人。

她开始打电话，偶然间发现厦门话居然和潮汕话那么相似，只言片语间我也搜集到了一些信息。女人的语气里满是焦急和忧虑，在她无奈的话语中我听到了“孩子”“生病”这样的字眼。霎时，默默地理解了女人的忧郁。在这车厢里与女人的相遇使我想起了《雪国》中岛村和叶子的相遇，然而，岛村遇见的是一份缘分，而我遇到的，是劳苦众生中的一份辛酸。

“旅客朋友们，厦门北站就要到了……”

车厢内开始广播即将到站的消息，我收拾好行李，和女人同时下了车。背着沉重的书包慢悠悠地走在高铁站内，而女人则打着电话行色匆匆从我身边飞速走过。正值初秋的厦门在傍晚中渐渐退去了热意，出了高铁站，我站在路旁等待着出租车，大街上熙熙攘攘，华灯初上，明灭不息的川流中溅起了光怪陆离，虚而不假。我在心中回味着与那位少妇的相遇，她在为了骨肉至亲而奔走，而此刻街道上匆忙的身影在为了生活而奔走，那，我们呢？

还未来得及想清楚，一辆出租车就到了身前。上了车，报上旅馆的地址，车缓缓开动，汇入了车流。打开车窗，微风裹了城市的气息自车窗蹑足而入，给人以骨软筋酥般的爽快。而藏蓝的夜色，就在此时趁人不备地覆了下来。街道上的人仍行色匆匆，我却在不断闪过的幢幢人影中，看到了每个人的坚定，生活让他们不得不奔走，而他们也一心不二，为了心中的一个期许迈开了步子。此情此景，让人放心。

大概芸芸众生总免不了奔走吧，虽然此时我的目标还是模糊的，但我也决心先行迈开步子，朦胧的前程，让我边走边想吧，不然，如何赶上明早灿烂的日出？

点评：在极短的时间内，完成了充分的创意激发；作者将自己乘车的旅途、读书的心灵之旅、人生旅途中与陌生人的偶遇三个要素同时糅合在一篇几百字的习作中，表现出了活跃的思维能力和较为纯熟的语言驾驭能力！

以上是三个具体的写作练习的案例。

在脑力激发、挖掘自己深处的个体经验之后，大家通过写作练习所得到的文字，便是一篇文章的初稿。

在进入情境且创意思维激发的兴奋度尚存余温之时，老师需要引导写作者就刚刚完成的作品进行讨论和交流。

在第一次的交流中，大家可以从朗诵自己的作品，或以成熟的作品举例子开始，互相展示并推荐自己的作品，由推荐人说出优劣之处。这个讨论的过程是工坊制教学的重要环节，目的在于让写作者进一步打开思维，熟悉并习惯这种交流的方式。这样的讨论和交流，对于作品来说，既有利于作品质量的提升，也有助于后续的修改。

本章小结

“回忆”写作，是一个基础性的写作练习。在本章的写作教学设计中，引导者（老师）通过特定的思维激发方式——包括对关键词的阐发性描述和视频、音频、图画等的展示，引导学生进入某个特定的情境，并在这个情境之中引导写作者在个体经验里寻找写作的灵感和素材。

通过本章“回忆”写作的练习，我们希望写作者可以获得以下能力：

（1）使用描述性的语言展示事物客观情态的写作技能，即以使用名词和动词为主、以生动形象的语言精确描述具体事物或者抽象事物的写作能力。

（2）保持对生活的审美眼光，能够自觉地积累个体经验，并将个体的经验作为创意的来源，融入写作活动中。

（3）熟悉情境写作这种模式，并能够熟练地使用情境写作模式进行练习。

另外，本章的写作教学设计，目的在于让写作者适应创意写作中“打开自己”的状态。以后所有的情境写作的练习，都将在“打开自己”的状态下进行。

练习题

选择一件自己最自豪/最欣慰/最后悔/最不后悔/最尴尬……的事情进行回忆，通过自我暗示等外在刺激进入情境，展开写作。

第二章　故事写作

一、教学要点

故事是所有叙事类文体的基本构成要素。经过润色和加工，它最终将成为情节完整、人物形象鲜明并有一定思想深度的小说、剧本等。因此，如何把故事讲好，讲精彩，讲得引人入胜，即为创意写作训练中需要解决的关键性问题。

本章的练习将引导写作者学会有条不紊地叙述他们在现实生活中的所见、所闻，学会条分缕析地表达他们对事件的所思、所感，进而使其天马行空地发挥想象，写出千姿百态的故事。

本章将着重讨论如何挖掘现实素材，并借助故事形态学的理论和成规来进行发散性思维（借助有限的故事模型和叙事成规），创造并讲述出无穷无尽的故事。

简单来说，本章将主要回答下列两个问题：一是如何构建一个故事，二是如何升华一个故事。

二、创意原理

本章的创意激发主要基于普罗普的故事形态学。通过对故事共有模型的归纳，让写作者认识到故事写作其实是有章可循的，只要掌握了基本的故事模型，就完全可以照方抓药，像职业作家一样，写出令人欲罢不能的绝妙故事，从而让写作者树立故事写作可学、可教的信心，相信成为作者不是遥不可及的事。

（一）故事是什么？

什么是故事？先来看看下面这段文字：

张三一早起床，穿好衣服，吃过早餐，骑上了自行车。骑过两条马路后他来到女朋友李四的家，接李四一起去书店买书。他们在书店买到郭明敬的新书

《大时代》，高兴得不得了。回去的路上他们在路边一家大排档吃了午饭，一边吃饭，一边讨论下午去哪里玩。

尽管这里有一连串的事件，但凭借阅读经验，我们知道这并不是一个故事，至少不是一个有趣的故事。原因在于这些事件不值得一读。这些事件的叙述毫无意义，不仅是因为它们之间没有因果关系，更重要的是这些事件毫无乐趣可言，没有人会有兴趣去了解关于像张三、李四这般无名之辈一天的日常生活。

但是，如果我们明确了人物的身份呢？

张生一早起床，穿好衣服，吃过早餐，骑上了自行车。骑过两条马路后他来到女朋友崔莺莺的家，接莺莺一起去书店买书。他们在书店买到郭明敬的新书《大时代》，高兴得不得了。回去的路上他们在路边一家大排档吃了午饭，一边吃饭，一边讨论下午去哪里玩。

很明显，受《西厢记》这一经典名著的影响，读者下意识地就会对事件接下来的走向产生兴趣，尤其想知道张生和崔莺莺下午究竟去了哪里，想知道张生是如何把崔莺莺接下楼的，中途是否像原著《西厢记》那样，遭到崔母的阻挠。可见，读者想知道的是那些关于有意思的人的事情，而且进一步而言，是那些有意思的人，不走寻常路的事。这样的故事，才称得上是真正的故事。

所以，关于故事，不仅是对一系列有因果关系的事件的叙述，而且其中必须涉及有价值的人和事。

（二）故事的基本模型

什么是故事的基本模型？俄国民间故事研究专家普罗普在其杰作《故事形态学》一书的第二章开头举了四个例子[①]：

（1）沙皇赠给好汉一只鹰。鹰将好汉送到了另一个王国。
（2）老人赠给苏钦科一匹马。马将苏钦科驮到了另一个王国。
（3）巫师赠给伊万一艘小船。小船将伊万载到了另一个王国。

① 普罗普．故事形态学［M］．贾放，译．北京：中华书局，2006：17.

（4）公主赠给伊万一个指环。从指环中出来的好汉们将伊万送到了另一个王国。

尽管普罗普并没有交代“苏钦科”等人到了“另一个王国”之后的所作所为，但根据阅读经验可以判断，他们到了异邦之后，绝不是去旅游的。如果只是去游山玩水，既不可能惊动“沙皇”“公主”这样的统治者，也不可能惊动“巫师”这样的世外高人。不难想象，“苏钦科”等必定是身负重任，要去他乡攻坚克难，扮演“拯救大兵瑞恩”的角色，所以“沙皇”“老人”“巫师”“公主”才会解囊相助，助其一臂之力。

很明显，在这些例子里，“好汉”“苏钦科”“伊万”是实施后续行动的主角，即故事的主角，可以称为“施动者”，而“沙皇”“老人”“巫师”“公主”则扮演“相助者”的角色，对“苏钦科”等施动者们“扶上马，送一程”。而“鹰”“马”“小船”“从指环中出来的好汉们”则是相助者提供给施动者们的具体帮助，施动者们借此渡过难关，最终实现目标。而阻碍施动者们前往目的地的崇山峻岭、激流险滩自然成了“反对者”。当然，当“苏钦科”等抵达目的地后，等待他们的很可能是新的困难，或真正意义上的“反对者”。

上面四个事件虽然彼此孤立，施动者和相助者的身份虽然千差万别，相助者所提供具体的帮助内容也各不相同：有时是“物”，如“鹰”“马”“小船”，有时是“人”，如“从指环中出来的好汉们”，但从中不难归纳出共同的故事模型。

第一种情况：

施动者从相助者处获得某位能人，某种宝物、技能、信息等有形或无形的帮助，从而克服了反对者所制造的障碍，最终实现了某种目标。

或者出现第二种情况：

尽管施动者从相助者处获得某位能人，某种宝物、技能、信息等有形或无形的帮助，但由于某种原因（特别是由于某种不可抗力因素），依然无法克服反对者的破坏和干扰，最终没能（彻底）实现既定目标。

普罗普举的是俄罗斯的例子，为方便理解，现在回到读者更为熟悉的中国语境。以中国读者最为熟悉的《西游记》和《西厢记》为例。《西游记》中玄奘法师为普度众生，立下西天取经的宏愿，然而路途遥远，险象丛生；佛祖因而先后安排了孙悟空、猪八戒、沙和尚这一众身怀绝技的高人沿途护卫。经过一路的降妖捉怪，最终唐僧师徒四人功德圆满，修成正果。而经典章节《三调芭蕉扇》，孙悟空四处求援，最终借助托塔天王和哪吒的力量，降伏牛魔王和铁扇公主，越过火焰山，更是“施动者”“相助者”“反对者”三者之间相互角力这一故事模型的深度演绎。其他的章节如借观音菩萨之力救活人参果树、降伏红孩儿，借如来佛祖之力识破六耳猕猴、降伏金翅大鹏，皆是如此这般。

再看看《西厢记》，张生与崔莺莺的自由恋爱受到崔母的反对，而红娘却在其中斡旋，最终促成有情人终成眷属的大团圆结局。

将上述的故事模型进行简化，可以发现，施动者产生欲望，获得相助者的帮助后具备条件，从而采取行动对抗反对者，最终成功或失败。即：

产生欲望→具备条件→采取行动→成功或失败

尽管故事形态学不可能包打天下，上面所提炼的套路也只是众多故事模型中的一种，完全还可能有其他类型的归纳，比如许道军在《故事工坊》中就曾归纳格雷马斯的行动模态，提出“（心有欠缺）→产生欲望→锻炼能力→实现目标（失败）→得到奖赏（得到原谅）”的故事模型①。但是，从中可以发现，在看似千奇百怪的故事背后，其实都有共同的模型或者说通用的模板。反过来说，掌握了基本的故事模型，哪怕只是其中的一种，完全可以依葫芦画瓢，进而天马行空地发挥想象，写出五彩缤纷的故事。这正是本章进行创意激发的立论基础。

三、写作设计

既然故事写作是有章可循的，那么在具备了有价值的人和事且掌握了故事的基本模型以后，如何写出一个好的故事？

这一部分将以“名校女生大三结婚大四抱子拍毕业照”“农民工千里背尸返乡”这样曾经轰动一时的真实事件为素材，借助故事模型，教会写作者如何构建一个故事，进一步让写作者学会如何将这个故事升华成一个意义深刻、

① 许道军．故事工坊［M］．北京：中国人民大学出版社，2005：48.

耐人寻味的好故事。

（一）如何构建一个故事？

2012 年 7 月 14 日，《广州日报》刊载了一条惊世骇俗、引发广州全城甚至全国热议的新闻——《中大女生大三结婚大四休学一年生小孩　本报记者对话当事女生曾佩伦》：

“大学最大的遗憾就是做不了曾佩伦”，2012 年 6 月，在中山大学传播与设计学院毕业晚会上，有毕业生这样说道。她羡慕的其实是曾佩伦的别样人生：大二恋爱，大三结婚，于是，大四时她有了自己的孩子，并为此而休学一年。更为八卦的是，她的丈夫比她年长 18 岁。

曾佩伦，1989 年生，中大新闻系 2008 级女生。6 月份的毕业照季，曾佩伦这个非毕业生也“混”在人群中，抱着刚刚出生一个月的儿子，旁边跟着的是她的丈夫。

出名要趁早，同理也适用于结婚？“为何不在最爱的时候结婚呢？”她说，幸福的人生是由每一个幸福的今天组成的，不要为了未来不确定的快乐而逼现在痛苦，这是自己反驳“等到以后再结婚”的理由。

孩子的到来实属意外，但她认为，孩子是一个生命，任何生命都应得到呵护，包括还没出世前。于是，她要将他生下来。

曾佩伦选择了职业摄影师的道路。在曾佩伦的全力支持下，丈夫风子辞职创业，制作推广一款名为闪影的 iPhone 拍照分享软件。风子每晚都会用闪影为曾佩伦拍一张枕头照，从一年前到现在，从未间断。

……

——文/记者徐静　实习生吴才林、陈敬霖

“名校女生大三结婚大四抱子拍毕业照”这条新闻一出现，即刻劲爆广州全城，“曾佩伦”一词甚至因此被百度百科、360 百科、互动百科收录。就如贾平凹当年用“农民工千里背尸返乡”的新闻素材演绎出长篇小说《高兴》一书，今天如果以曾佩伦与众不同的婚恋经历为素材写一个故事，又当如何入手？

以此新闻事件为案例，我们可以讨论以下问题：

当一个大三女生向父母提出在读书期间就结婚这一想法时，家长会有何种反应？在现实生活中，曾佩伦的家长把决定权交给女儿，让女儿自己选择。那如果家长不同意呢？在中国，这种可能性出现的概率非常大。现在假设家长不同意，那么他们反对的理由会是什么呢？故事又会向哪个方向发展呢？下面就来分析一下故事发展的种种可能。有情人终成眷属，这是大多数人美好的愿望，但文学史上更多的是有情人未必能成眷属。

练习：正在上大三的崔莺莺带男友张生回家要求登记结婚。

施动者：张生和崔莺莺

反对者：崔父、崔母

（1）分歧所在：女儿崔莺莺尚在读大三，年纪尚小；男友张生同样年纪轻轻，没有事业基础。

（2）家长态度：父母双方或有一方强烈反对。

①爸爸、妈妈均反对。

②爸爸反对，妈妈妥协。

③妈妈反对，爸爸妥协。

只要父母双方意见不统一，即反对者内部发生内讧，故事就会生发出许多枝节，向不同方向发展。

（3）反对理由：在保持人物关系不变，保持家长反对女儿崔莺莺结婚这一核心矛盾的情况下，如何使故事情节千变万化？除了“女儿崔莺莺尚在读大三，年纪尚小；男友张生同样年纪轻轻，没有事业基础”这一种矛盾设置，是否还有其他原因可以造成家长反对二人结婚？在这一点上，完全可以展开想象，进行发散性思维训练。

①男孩与女孩的家族是仇敌，如《罗密欧与朱丽叶》。

②男孩与女孩原来是有血缘关系的亲兄妹，如《雷雨》中的周萍与四凤。

③男女双方门不当、户不对，其中一方的家长嫌贫爱富，棒打鸳鸯。这一种情况又可以有多种可能，产生各种变体。

A. 男尊女卑：

男方是公子哥儿，女方只是灰姑娘。例如：《雷雨》中的周朴园是地主家的公子哥儿、鲁侍萍是女仆；《霍小玉传》中的李益与霍小玉；《杜十娘怒沉百宝箱》中的李甲与杜十娘，男方是官宦人家，女方是青楼女子；电视剧《流星花园》中的道明寺、花泽类与杉菜，男方是含着金钥匙出世的家族企业继承人、“富二代”，女方则是无权无势的平头百姓。

B. 女尊男卑：

女方是高官、地主、资本家的千金小姐，男孩只是打工仔。例如，司汤达《红与黑》中，玛丽是木尔侯爵的千金，于连只是一心想往上爬的穷小子。

尽管周朴园与鲁侍萍，李益与霍小玉等之间有一定的感情，但由于男女双方门第出身不同、经济地位悬殊，注定了他们不可能走到一起。在现当代文学作品中，还出现了另一种情况，男女双方由于政治立场的差异而难以结合，即使结合最终也可能会分开，如革命家与资本家的女儿。

类似的原因还有很多，按照普罗普《故事形态学》中的理论，在儿女要求结婚而家长反对这一核心情节不变的情况下，随着其中任一方身份、地位、经历等方面的不同设计，故事的情节发展会出现多种走向，千差万别。正是在这多种路径的找寻过程中，写作者们的创意脑洞将越开越大。

需要指出的是，在初学阶段，为遵循先易后难的原则，训练中尚未引入“相助者”这一角色。一旦引入类似“老师”“舅舅”这样的“相助者”，故事情节将更加错综复杂，故事的发展将更加千奇百怪。

需要提醒的是，不仅施动者（好人）会有相助者——“同盟军”，反对者（坏蛋）同样可能会有相助者——“帮凶”。

即使是施动者的相助者未必都是能雪中送炭的救星，完全可能是拆台添乱的捣蛋鬼，猪八戒就是最典型的代表。取经途中，二师兄屡屡扯孙悟空的后腿，动不动就闹散伙要回高老庄。然而，正是像猪八戒这样帮倒忙的相助者存在，让如孙悟空等施动者的优势丧失殆尽，使之在与反对者的斗争中败下阵来，从而处于背水一战状态下的施动者被迫迸发出更大的潜能，故事因之也更加扣人心弦。

与“帮倒忙的相助者”现象相类似的还有另外一种情况，即同一个相助者在施动者与反对者之间摇摆、游走。在施动者与反对者势均力敌、相持不下的状况下，相助者常常可以成为左右胜负的关键，成为压垮骆驼的最后一根稻草。相助者到底是急公好义辅佐施动者，还是助纣为虐帮助反对者，这完全可能改变故事的走向，让故事开枝散叶。如电影《叶问3》中的与叶问争夺“咏春正宗”名号的师门兄弟张天志。为了挣钱开武馆，他可以不择手段，甚至助纣为虐；但当叶问因爱子被挟持而被迫跪地求饶，命悬一线之际，如果没有他的反戈一击，叶问性命堪忧。而故事的最后，为了证明到底谁才是“咏春正宗”，叶问与张天志又走到比武场上。在这一刻，这个曾经搭救过叶问的张天志，明白无误地从相助者转换为反对者的角色。因此，相助者的转变，到底是弃暗投明还是弃明投暗，这既是构建故事时不可忽视之处，又是可以浓墨重彩，大做文章的地方。

随着训练的深入，日后一旦引入类似“老师”“舅舅”这样的相助者，故事的情节将更加扑朔迷离，也将更能锻炼学生的发散性思维。

（二）升华故事

1. 对故事进行升华的原因

掌握了故事的基本模型，再配上有价值的人和素材，照猫画虎，基本上就能写出一个中规中矩的故事。但是如果要写出一个精彩的故事，还必须具备另一个要素——思想内涵，即故事的意义所在。只有如此，才能写出一个让人回味无穷的故事。

如果把故事比喻成一个人，事件是骨架，人物是头脑，那么思想内涵就是精气神了。正所谓“画龙点睛”，思想内涵就好比那最关键的一笔，点了睛，龙就有了生命力，可以乘云上天，遨游宇宙了。文学的力量在于打动人心，有无思想深度，是一篇四平八稳的平庸之作与一篇杰作的根本区别所在。

2. 升华一个故事的方式

任何故事的思想内涵都不可能是凭空产生的，能从周而复始、平淡无奇的日常生活中挖掘出耐人寻味的东西，这非常考验写作者的本领。对于写作者来说，首先需要有对生活的观察能力、感受能力以及想象力，而具备这种种能力的前提是对于生活要充满热爱，做生活的有心人。

下面还是以“曾佩伦事件”为例进行深入分析。

按理说，现在在校大学生结婚已是法律法规所允许的。首先，曾佩伦已到结婚的法定年龄，是自由恋爱不是买卖婚姻；其次，这并不违反校纪校规；再次，也没有违反计划生育政策。因此，她和家人能光明正大地抱着儿子在中山大学的正门前拍毕业照留念，能大大方方地接受媒体的采访报道。然而，虽然曾佩伦的所有程序都合法合规，但此事一出，依然马上激起社会舆论的热议，这实际上反映出外界对待这一事件的态度——媒体并未将此事件解读为一个成年女人结婚、生子这寻常得不能再寻常的事情，而是将之解读成对传统的教育观、婚恋观、生育观等价值观念的全新冲击——“80 后”“90 后”年轻一代的女大学生，对于求学、择业、婚恋、生育等人生大事，究竟会做怎样的选择，走出一条怎样的道路？尤其是在鱼和熊掌不可兼得的情况下，支撑做出这种选择的，究竟是一种怎样的价值观念？而这一观念的形成，又体现了当代的家庭教育、学校教育乃至社会思潮正发生着怎样的变化？……这才是曾佩伦事件的真正新闻价值所在，也是这个故事的写作价值所在。一个故事究竟能给读者带来什么样的审美感受，如何挖掘素材背后的深层意义，不把其庸俗化为花边新闻或肥皂剧，这是每一位写作者提笔之前都应该认真思考的。

这一点究竟如何才能做到？且看贾平凹在《高兴》中给我们做出的示范。

同样是在广州，2005 年 1 月 13 日，《南方周末》刊登了一则轰动全国的新闻——《民工千里背尸返乡调查》（记者：张立、朝格）：

南方网讯：一起出门打工的老乡病死了，为了给他的家人一个交代，湖南老汉李绍为背着尸体，上火车、赶公交，辗转千里返乡，直到在广州火车站被警察发现，这惊世骇俗的一幕，才得以终止。

事情发生后，外界有的说老汉愚昧，有的夸他忠厚侠义，有人被他感动而落泪，有人一听“就浑身起鸡皮疙瘩”。左家兵因何而死，李绍为为什么千里背尸？南方周末记者历时 5 天调查采访，力图还原事件的全过程，以呈现背尸行动背后的行为逻辑和行为环境。

这或许是一个让人惊悚的新闻，但或许更是一个充满着农民工辛酸血泪的故事，或许，它还是一次对社会和公众道德良心的追问。

……

这条让人痛心又唏嘘的新闻素材，经过贾平凹的艺术加工，被写入小说《高兴》（2007）中，成为故事的开头和结局。

名字？

刘高兴。

身份证上是刘哈娃咋成了刘高兴？

我改名了，现在他们只叫我刘高兴。

还高兴……刘哈娃！

同志，你得叫我刘高兴。

刘高兴！

在。

你知道为啥铐你？

是因这死鬼吗？

交代你的事！

我不该把五富背了来坐火车。

知道不该背为啥要背？

他得回家呀。

家在哪儿?

商州的清风镇。

我问你!

就这儿。

咹?

西安吗。

西安?!

我应该在西安。

你老实点!

老实着呀。

那怎么是应该?

真的是应该，同志，因为……

这是2000年10月13日，在西安火车站广场东区的栅栏外，警察给我做笔录。天上一直在刮风，广场外的那些法国梧桐、银杏和楸树叶子悠悠忽忽往下落，到处是红的黄的，颜色鲜亮。

我永远要后悔的不是那瓶太白酒，是白公鸡。以清风镇的讲究，人在外边死了，魂是会迷失回故乡的路，必须要在死尸上缚一只白公鸡。白公鸡原本要为五富护魂引道的，但白公鸡却成了祸害。白公鸡有两斤半，最多两斤半，卖鸡的婆娘硬说是三斤，我就生气了。胡说，啥货我掂不来！我说："你知道我是干啥的吗?"我当然没说出我是干啥的，这婆娘还只顾嚷嚷："复秤复秤，可以复秤呀!"警察就碎步走了过来。

警察是要制止争吵的，但他发现了用绳子捆成的被褥卷儿。这是啥，警棍在戳。石热闹的脸一下子像是土布袋摔过一样，全灰了。这狗日的说什么不成，偏说是捆了一扇猪肉，警察说："猪肉？用被褥裹猪肉?!"警棍还在戳，被褥卷儿就绽了一角，石热闹一丢酒瓶子撒腿便跑。这孬种，暴露了真相，警察立即像老虎一样扑倒了我，把我的一只手铐在了旗杆上。①

如果用故事模型对《高兴》的开头进行分析，很明显，刘高兴是"施动者"，正企图搭乘火车，实施"千里背尸返乡"这一合情但不合法的计划，而"石热闹"则是如猪八戒一般，是那个帮倒忙的"相助者"；警察出于职业操守，在这里当然要扮演"反对者"的角色。显而易见，《高兴》的开头同样运

① 贾平凹. 贾平凹文集·高兴［M］. 西安：陕西人民出版社，2008：1-2.

用了故事模型，但它值得品味之处并不局限于此。

比对一下可以发现，小说《高兴》与新闻《民工千里背尸返乡调查》之间有着千丝万缕的联系，保留了新闻中的关键元素，如刘高兴和五富是一起从乡下进城打工的同乡，五富是在挖土方后喝酒，不幸暴毙而亡。之所以选择背尸回乡，也是想让不幸横死他乡的伙伴能魂归故里，给死者家属一个交代。只不过地点从广州火车站变成西安火车站，时间从2005年前推至2000年。《高兴》既有生活原型，也有艺术加工。看似平淡无奇的日常生活其实是写作者取之不尽的源泉，写作者的工作就是用自己的眼睛从看似平淡如水的生活中感受到、挖掘出不寻常之处，并把它落实到具体的人物、事件身上，形象地展现出来。

《高兴》之所以值得分析，主要并不在于以"背尸返乡"开篇及闭卷。"背尸返乡"尽管惊悚，贾平凹却只是将它用作故事的引子。在引起了读者的注意后，故事主要是在倒叙进城农民工、"破烂王"刘高兴在拾荒过程中的种种经历——游历西安城、把肾卖给城里人、与妓女孟夷纯相恋、深入"拾荒村"等，力图反映乡下人进城后的命运——"我要写刘高兴和刘高兴一样的乡下进城群体，他们是如何走进城市，他们为何在城市里安身生活，他们又是如何感受认知城市的。他们有他们的命运，这个时代又赋予了他们如何的命运感，能写出来让更多的人了解，我觉得我就满足了"①。贾平凹没有让自己变成希区柯克。他不仅把"背尸返乡"这一爆炸性新闻与"乡下人进城"这一现当代文学由来已久的母题巧妙地结合了起来，而且能站在底层立场，把关注的焦点集中到"拾破烂"这一看似平淡无奇、低三下四的活计上；通过塑造出刘高兴这个重情重义、乐观豁达、积极向上的农民工形象，实现了对人生意义的探寻，使故事超越了单纯"背尸返乡"的恐怖气息。这样一来，故事的意义获得了深化。无论是从情节设计、人物塑造，还是从思想深度上，贾平凹的《高兴》都是相当成功的一部作品，值得写作者深入学习和研究。

下面是学生的作业案例。

父亲的公主裙

"爸爸，我好看吗?"

"真好看！孩子他妈你快看，我们家宝贝把这裙子穿得多漂亮!"

那一天，父亲哭着看我笑。

---

① 贾平凹．高兴［M］．北京：作家出版社，2011：195.

每个孩童都曾怀揣梦想，都曾享受这个世间所赠予的每一分简单的快乐。在我的那个年代，男孩子普遍渴望成为超级英雄，女孩子自然是温文尔雅的公主。

但并非所有的孩童都能那么幸运，有些人承受着超越自身年龄的压力，只能在悲泣中托着折掉的翅膀。

窗外的雨淅淅沥沥地在窗台上砸出朵朵水花，透过反光，如镜的窗户上是已然泪流满面的脸。每当雨天，隐隐作痛的膝盖总会将我带回那一天，那个我不愿回首的日子。只因那一天，我的公主梦在不经意间破碎了，连同我的心。

我向来不喜欢阴天，阴沉沉的让人有些喘不过气，天气很闷，心头也会随之变紧。可那是个非同寻常的阴雨天，一切只因一通偶然的电话。姑姑给我买了一条裙子，打电话让父亲隔天去她家里取。这是我不常有的幸福。

一切都要从头说起。小时候家境并不很好，母亲没有工作，父亲则只是一个小职员。不过，家里虽穷却过得很快乐，也许这就是人们常说的千金买不回的快乐吧。姑姑家里相对殷实，姑父做着自己的小生意，我自然很羡慕小表姐。偶尔收到小表姐穿过但还是很新的裙子，都要高兴上好一阵。而你知道为什么每个女孩都喜欢裙子吗？因为她们心里藏着一个公主梦：童话里的公主都穿着漂亮的裙子。

我缠着父亲带我去，软磨硬泡下他终于答应了我的请求。那种快乐至今想来仍能让我咧嘴一笑，小时候的快乐是那么简单。我逢人就说我的新裙子，一副已然穿上它的神气。我躺在母亲的怀里问她我的裙子会是什么样的，什么颜色，又有多长。母亲笑着用手捏了捏我的鼻子，告诉我："明天你就知道了，瞧把你给乐的。"

那个晚上我高兴得难以入睡，无数次地想象自己穿上它的模样，想象邻家小孩们羡慕的眼光。想着想着就不禁"咯咯"地笑了起来，但我很快捂住自己的嘴，害怕扰乱母亲跟我一样甜的美梦。我记不起自己是如何度过那个兴奋的夜，唯独记得那个夜很是漫长。

天只稍稍露出晨色，我便迫不及待下了床，缠着母亲给我编好看的头发，顺势将头钗插入发端。我反复地照着镜子，害怕哪里稍有逊色，试图以最美的仪态去迎接梦的到来。天到中午仍是一片朦胧，没有太阳的照射，屋里多少有些霉味，这便使我更加待不住了。我早早换好衣服等父亲，见父亲一脸清闲，我急得拉着他便往外走，也顾不得拿伞。此刻的我兴奋得哪怕一分钟也等不得。

姑姑开门的那一秒我甚至听到了自己心跳的声音，而当我亲手拿着那件裙子的时候更是激动得说不出话来。现在想来，那时的心情同人们中彩票时的激动大概是不相上下吧。似真似假，似有似无，不敢相信自己的眼睛。我轻轻地抚着裙子，用鼻子嗅着它的肥皂清香。闻过一阵，便把它挨着搭在身上，原地螺旋式地转着圈，一刻也停不下来。每当转到对着父亲的角度，我都会毫无遮掩地对他大笑，笑声很长未中断。

但是，这个世界永远有意外。正当我不停地转着圈的时候一只手突然使劲将我推向地板，我来不及反应便重重地摔向地板，手不经意将稳居桌子上的玻璃杯扫向地板。如同丢弃废铁一般，哐当一声响彻四方。手松开的裙子跌落在一旁。尽管父亲拼尽全力冲向我，却已来不及抱起落地的我。我的膝盖恰好压在一块玻璃碎片上，血毫无预兆地流了出来，一瞬间裤子便红了一大片。我害怕极了，可是却不敢哭。

“妈妈，我喜欢这个裙子，它是我的。把我不要的给她就好了，给这个乞丐！”小表姐撅着嘴很是不满。

父亲紧紧地抱住了我，把我的头埋向他的肩膀。姑姑一把抓过裙子，大声呵斥了小表姐，小表姐扔下裙子便哭着跑开了。父亲显得有些尴尬，僵硬的笑容显得更加失落。他轻轻地说了句：“雪儿喜欢就给她吧！”那一秒，我恨父亲，恨他为什么没有替我“报仇”，恨他为什么还能这么平静地说出这样的话。尽管心里难受，我却要强忍着不让眼泪流出来。我开始哽咽，呼吸也变得困难起来，一种说不出的苦瞬间紧紧地缠住我全身，简直让我窒息。

我不知道我们最终是怎样离开那个家的，也不知道父亲是以怎样的心情带着我逃离那个可怕的地方。我唯独知道，那一天，我的公主梦碎了，连同我的心。

雨淅淅地打在我们身上，雨珠不大却格外疼。父亲抱着我一路跑回家。我们没有雨伞，就像被羞辱了的流浪汉在雨中落荒而逃。雨渐渐变猛，风呼呼直啸，雨水重重地砸在地上，激起一朵朵水花，风也刮冷了两颗受伤的心。父亲的衣肩湿了，不知道那是我的泪水还是他的汗水；而此刻他的脸颊也湿了，不知道是雨水还是他的泪水。泥地里留下的一排排深深的脚印，都是一个个疼痛的印迹。

地上的雨水不断变厚，顺着斜坡流向道路两旁。沟里的水也不断升高，哗啦啦不断往下流，冲走了泥沙的同时也带走了我们的泪水。一路上我们没有讲一句话，谁也没有试图打破那片沉寂，遗留在空气中的是雨中奔跑的急喘。

回到家，没有人问起那一切，仿佛这一切从未发生过。又是一个漫长的夜，我再度失了眠，不知为什么心里蒙着一层苦，眼里也总忍不住要覆上一层薄雾。膝盖的血早已止住，而心里的伤痛之血却从未停止流淌。那一天是儿童节，自始至终，我不会忘。

我以为时间总会带走这一切，但直到某一天，父亲出差回来时手上拎着给我的礼物。当盒子打开的那一刹，我的心又开始揪成一团。躺在盒子里的裙子跟那条裙子一模一样，还是很美丽，却不再有光芒。父亲一定以为我还在惦记着那个未实现的梦，他似乎想要去挽救这个梦。

“给孩子编个头发吧！”父亲平静地对一旁沉默的母亲如是说，不料母亲却忍不住啜泣起来。我抓着裙子跑进房间更换，我的步子很轻，尽量显得欢快，心里却是那么的沉重。关上房门的那一秒，我也忍不住抽搐起来，泪水洒落在裙子上，牢牢地被吸了进去。我许久都没有出来，他们也不曾催促。直到泪水消散在空中，我才慢慢平静了下来。换上裙子径直走向他们，站在冰冷冷的镜子前。像当初一样，我在他们面前转了几圈，却不禁停下来看了看膝盖上的那条疤痕。

“爸爸，我好看吗？”

“真好看！孩子他妈你快看，我们家宝贝把这裙子穿得多漂亮！”

透过镜子，爸爸疲惫的脸上突然蹿出了两行泪水，像瀑布一样止不住，直直地倾泻下来。泪水重重地砸在地上，也砸在了我的心上。我当然知道，这条漂亮但价格不菲的公主裙，对于拮据的父亲来说，意味着什么；我当然知道，为何拮据的父亲还要把它从商店里买回来。从前的从前，都是父亲笑着看我哭鼻子。可是那一天，父亲却哭着看我笑，而我也慌了手脚。母亲终忍不住哭出声来，声音很小却是那么清晰。那一年我六岁，自始至终，我并不敢忘。

时隔十多年，我仍不时会想起这件事，那条裙子至今也依旧静静地躺在衣柜里。我的公主梦早已烟消云散，但曾经的泪水仍躺在了父亲的那条公主裙上。尽管谁也不曾提起这件事，我却坚信他们同我一样不会忘记生命中的这一插曲。或许生命中总会有一些插曲让你一夜成长，总会有一些事情教会你必须坚强。

点评：文章成功地运用了故事模型，“我”（施动者）、小表姐（反对者）、爸爸（相助者）三元素各自的角色和作用清晰。“我”作为施动者，从相助者（爸爸）处获得了帮助，得到了梦寐以求的公主裙，从而克服了自私自利的“小表姐”（反对者）所制造的障碍，最终不仅实现了自己童年的公主梦，而且更重要的是获得了精神上的成长，萌生出自立自强的意识并体会到满满的父爱。与此同时，父亲为了抚平女儿心灵的创伤所做出的努力，更让人真切地感受到“父爱如山”。故事不仅跌宕起伏，而且结尾处画龙点睛，感人肺腑，读毕能使人获得教益。

本章小结

本章着重讨论如何借助故事形态学的理论和成规来构建一个故事，并进而挖掘、升华故事背后的深意，使这个故事最终能变成一个出色的故事。此过程中，借助有限的故事模型和叙事成规，培养写作者的想象力，训练写作者创造并讲述出无穷无尽的故事。此外，本章还训练写作者提升从现实生活中发现写作素材，进行创意转化的这一关键能力。

在本章的教学和练习中，教师对故事基本模型的分析和写作者对模型的演绎是重中之重。写作者如果能理解并掌握故事的基本模型，日后将有可能创作出千姿百态的故事，为小说、戏剧等其他叙事类文体的写作打下坚实的基础。

练习题

1. 参照故事模型，写一个关于征途的故事。想想途中遇到了什么困难？是遇上恶劣天气，还是碰上火车晚点，抑或是发生人与人之间的冲突？途中是否有人出手相助？如果有，帮助是否管用？细致刻画这一事件对你原有观念的冲击。你的观念发生了哪些改变？是什么东西促成这种改变？

2. 正在上大三的崔莺莺带男友张生回家要求登记结婚，正好这天崔莺莺的舅舅也来到家中做客。根据可能出现的情况，写出三种以上不同结局的故事。

第三章　家族人物传记

一、教学要点

家族人物传记的写作，是一个操作性比较强的写作练习。

这个写作练习引导写作者发现身边老人的传奇人生故事，并将故事内部的事件与逻辑做出系统的整理，然后以故事写作的方式表达出来，最终创作出一个非虚构的、叙事性的、中等规模的文学作品。

在家族人物传记的练习中，我们提倡在人物访谈的基础上，以结构导图为工具，对事件脉络进行整理，建立起相对宏观的写作立场，用故事写作的方式来完成练习。

这一类的写作练习，将帮助写作者建立高屋建瓴式的写作视角，最终获得中长篇文学作品的策划与写作能力。

二、创意原理

（一）动机：表达的需要

对于写作者来说，家族中的故事，先天具有成为写作资源的便利性。当你还不了解周围“庞大世界”的时候，写自己家族中的传奇故事会较得心应手。

身处家族中，个人的情感与家族的荣耀息息相关，这种荣耀感在面对家族传奇故事的时候，极易引发写作动机。

与此同时代与代之间的家族成员，也会因为相伴的亲情，而引发书写家族故事的动机。这是我们选择“为家族中的老人写一份传记”这个写作设计的原因之一。由长辈抚养长大的写作者，在长辈们进入暮年之后，更容易以亲密情感孕育出写作动机。而且，这个写作过程，对于写作者来说，也是增强家族荣誉感的过程。

从更大的方面来说，每个家族都有自己传承的历史，这些历史故事有的湮没在看得见的族谱上，有的湮灭在日常历史中。家族老人的经历往往代表着家族的某段历史。他们口述的故事，正是最接地气、最真实的民间历史的一部分。

（二）素材获得：人物访谈和个人体验

本章的写作素材将通过“人物访谈”与“个人体验”同时获得。

对于写作者来说，家族中口耳相传的人和事都是非常便利的写作素材，而与亲人情感相伴、共同生活的个人体验则在写作时转化为情感立场。

写作者可以通过访谈等方法来获得写作素材。访谈对象可以是你的传记写作的对象，也可以是其周围的人；这样一来，写作者可以相对全面、真实地获得传记写作的内容。

这个访谈的过程，实际上就是写作者感性地挖掘民间故事、发现民间历史的过程，所以写作者在这个过程中必须做好笔记。

（三）内容策划：画出结构导图

结构导图是一种“可视图表”①。本章使用结构导图，是希望写作者在面对庞杂的资料时，先画出写作内容的“全景图”②。

我们建议写作者使用不同颜色，或者不同字体的笔迹来画这个图，在这个图上，写作者需要表现出重要人物关系、重要事件、事件与事件之间的内在逻辑。

这种结构导图对于叙事类写作普遍有效。因为，如果这个结构导图画得完整，那么写作者在画图的同时，即可以直观、全面地看到自己的写作内容和内容的布局。

对于家族人物传记的写作来说，写作者可以按照时间轴的顺序，也可以按照事物发展的逻辑顺序，或事件之间的因果关系来展开画图。

（四）进入写作：包容多种技巧

家族史的写作是西方创意写作教学中较早使用的一种方法。本章的家族人物小传既保留了家族史写作的性质，也缩小了写作框架、降低了写作门槛，可视为家族史写作的初级类型。

在以结构导图的形式完成作品的初步框架之后，写作者可以根据自己的写作兴趣和风格，选择使用小说、散文、诗歌、电影、新闻中的各种手法，如独

---

① 东尼·博赞，巴利·博赞．思维导图［M］．卜煜婷，译．北京：化学工业出版社，2016.

② 东尼·博赞，巴利·博赞．思维导图［M］．卜煜婷，译．北京：化学工业出版社，2016.

白、对话、戏剧性、典型化、细节描写、心理分析、联想、想象、蒙太奇、分类、伏笔等。也就是说，在这类写作中，我们提倡包容多种写作技巧，以便于写作者可以在写作实践中训练多样的写作技能。

以上内容，是本章家族人物传记写作展开的充分条件。

三、写作设计

在本章的写作教学设计中，我们首先要求写作者通过访谈来获得写作素材。

访谈对象可以是传记中的主人公，也可以是与传记写作对象有关系的其他人。访谈过程可以是正襟危坐的采访，也可以是气氛轻松的聊天。

下面，我们来完整地、递进式地介绍整个写作设计。

（一）筛选事件

访谈结束后，写作者需要对所得到的信息进行筛选。筛选标准为：①他（主人公）人生中的重要事件。②对他的人生有转折性作用的事件。③代表他某一方面个性的事件。

这个时候，我们的笔记本上可能只有不成文的几行字，或是关键词。如果你的写作对象的人生经历非常丰富、故事特别精彩，那你的筛选就非常重要，你必须筛选出重要的事件。

你所筛选的事件，还应该是有内在联系与逻辑的。比如童年的重要事件，对后来人生选择的影响。也就是说，这些事件之间，不是相对孤立的；它们的内在联系，是成为“故事”的重要标准。

（二）画图

在充分了解了写作对象生平的基础上，写作者需要按照自己的逻辑画出一个直观的结构图。通过这个结构图，写作者可以居高临下地看清楚自己的作品布局：哪些是重要事件、哪里需要细节描写、哪些事件之间有内在关联……从而感性地了解到传记写作的“疏密”和“节奏”，甚至清楚地在心里打一个写作的腹稿。

下面是一个写作者按照时间轴的顺序画出的结构导图：

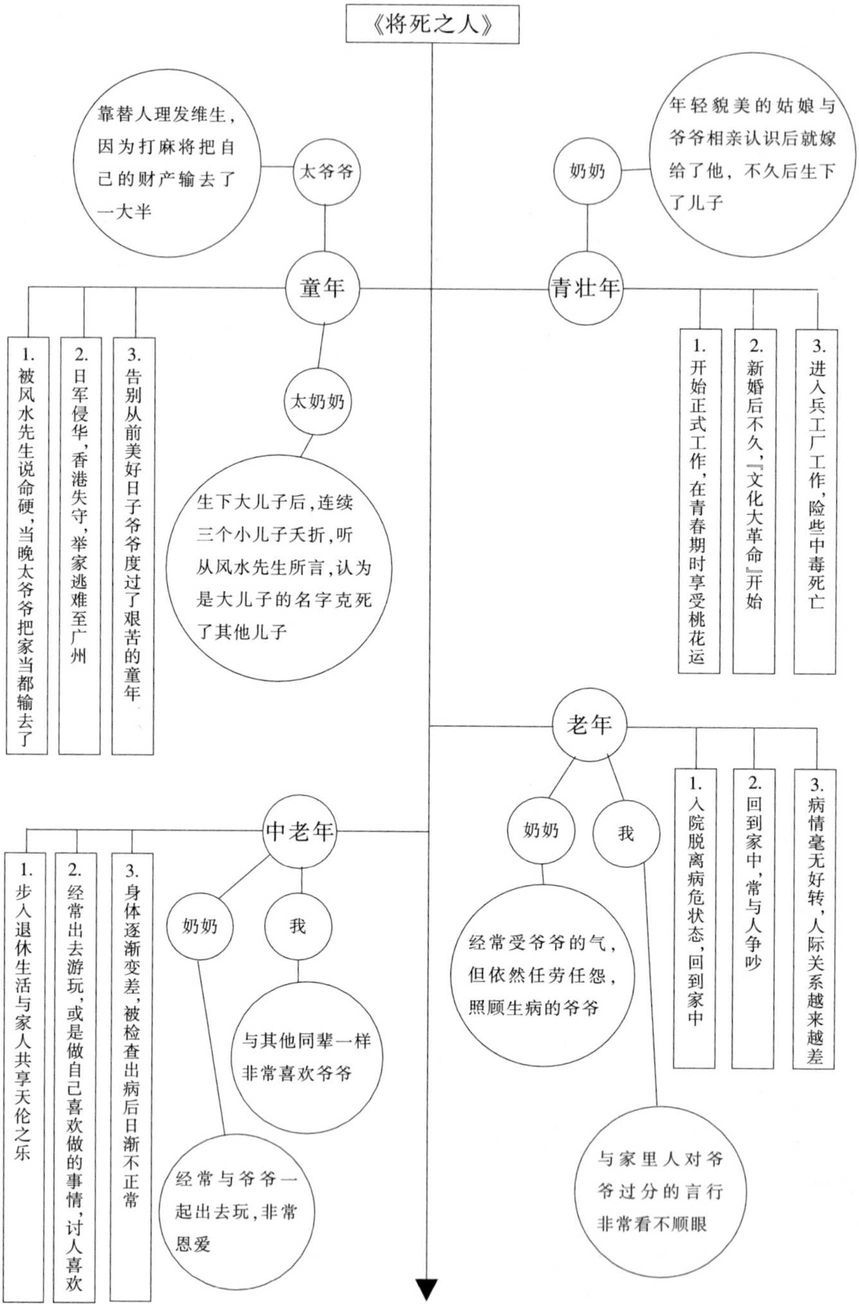
《将死之人》
太爷爷
靠替人理发维生，因为打麻将把自己的财产输去了一大半
奶奶
年轻貌美的姑娘与爷爷相亲认识后就嫁给了他，不久后生下了儿子
童年
青壮年
1.被风水先生说命硬，当晚太爷爷把家当都输去了
2.日军侵华，香港失守，举家逃难至广州
3.告别从前美好日子爷爷度过了艰苦的童年
太奶奶
生下大儿子后，连续三个小儿子夭折，听从风水先生所言，认为是大儿子的名字克死了其他儿子
1.开始正式工作，在青春期时享受桃花运
2.新婚后不久，『文化大革命』开始
3.进入兵工厂工作，险些中毒死亡
老年
奶奶
我
经常受爷爷的气，但依然任劳任怨，照顾生病的爷爷
与家里人对爷爷过分的言行非常看不顺眼
1.入院脱离病危状态，回到家中
2.回到家中，常与人争吵
3.病情毫无好转，人际关系越来越差
中老年
1.步入退休生活与家人共享天伦之乐
2.经常出去游玩，或是做自己喜欢做的事情，讨人喜欢
3.身体逐渐变差，被检查出病后日渐不正常
奶奶
我
与其他同辈一样非常喜欢爷爷
经常与爷爷一起出去玩，非常恩爱

在《将死之人》[①] 这个案例中，作者选择了写作对象“爷爷”在童年、青壮年、中老年、老年四个人生阶段里的代表性事件作为作品的主要内容，画出了爷爷生命中重要的人际关系。

结构导图的绘制过程，实际上就是写作者策划自己的写作内容的过程。

写作者需要仔细思考：哪些事件、哪些人对于你的人物传记对象来说是最重要的，甚至是使作品中的人物命运发生转折的；哪件事才是最能够代表人物的性格特点而不得不写的；作者需要顾全大局，明确所筛选的事件各自并非完全孤立。

通过这个结构导图，作者可以具象地、直观地理清自己的故事脉络和写作思路。

请看下面这则学生案例：

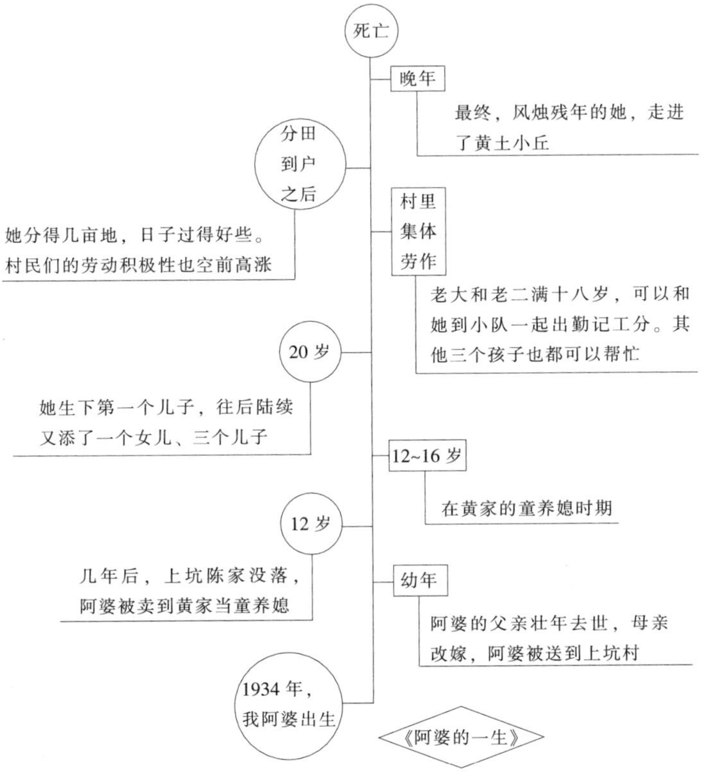

① 《将死之人》为广东财经大学 2015 级创意写作班陈绮琪作品。

此图为家族人物传记《阿婆的一生》[①] 的结构导图。

作者说："阿婆的一生经历很多，她是一个很要强、很有个性的人。有些事她也经常对我们晚辈们说。（她说的那些事）应该就是她生命中重要的事。"于是她把这些"重要的事"加以整理，画出了结构导图。

（三）写作

我们提倡使用小说叙述的语言进行写作练习，因此许多当代经典的叙述类作品可以作为参考案例，比如刘剑波的《姥娘》、余华的《活着》等。

在写作的过程中，写作者可以先把每一件事写出来；在保持大格局不变的情况下，再整理作品细节。

下面是《将死之人》的作品定稿片段：

据说我们家最早是从中原迁徙到四川，再从四川跑到福建，福建再往南走到粤北，之后再南下至香港，后因战乱，就在广州定居了。

中原、四川、福建那段历史太久远，最后只剩下我那还在世的爷爷从粤北到香港再到广州的那一段过往。

他呱呱坠地的时候就是一个小少爷，在香港的街头，凭借祖父开的好几条街的理发店足够他过上许多年的好日子。

"陈镜光，这个名字不好。"

"他是镜字辈啊，这个名字怎么不好了？"

"'镜'字不好，这个'镜'字会克死他的弟弟。"

他的母亲捂住了嘴，瞪大眼睛盯着蹲在街边随便搭了桌、椅，竖了个牌子的风水先生。的确，继他之后的三个男童，生下来没多久就夭折了。他的母亲皱着眉头，摸了摸鼓起的肚皮，只好打定把这个祖宗传下来的"镜"字扔掉。

"那假如肚子里的那个不用'镜'字呢？"

"肚子里的不重复用'镜'字就不会死。但这个仔啊天生命硬，他是死不去的，但他命太硬了，在他附近的人会成怎样，这可就难说了。"

风水先生两根手指头指着陈镜光的额头，他的母亲顺着那两根手指所指的方向回头看去，他只得躲在母亲背后，两只小手死死抓住母亲腰部的衣服，不敢将头探出。

"不过我倒是可以给你做法，帮你一把。"

---

① 《阿婆的一生》为广东财经大学2015级创意写作班黄仁聘作品。

我的太奶奶很自然地掰开了爷爷的小手，掏出了腰包。

风水先生说对了，后来他的弟弟妹妹们没有继续延续镜字辈之后，都没被他克死。但他的道行不够，这次破财并没有完全消灾。那天晚上他的父亲打麻将彻夜未归，第二天则将输了自家店铺的坏消息一同带了回来。

他的母亲自然第一时间想到了风水先生的话。

就因为名字中的一个字，让自家母亲心怀芥蒂了。

我一直很想问为什么不直接把名字改掉，这样不就一了百了了，但我爷爷却支支吾吾也说不出个所以然来，或许他当初也没问他母亲，不知道其中的道理，又或许只是他的父母认为字辈这种东西长子必须要延续，又或许悲观地想着改了字辈也无法改变他八字过硬的事实。

但我认为最重要的原因是他们当时无暇顾及一个相比于自身性命来说无关紧要的名字了。

日军侵华时把香港这个对外贸易的港口也给侵占了。登陆后的第三日，香港旺角即被日军占领。

他们的小别墅便在旺角附近。别墅里的小花园是八岁爷爷的最爱，虫子、花草都可以在里面找到。但自从日军侵华后，这个花园便不像以前，腐臭的味道重重地压过了植物的香气。

由于战事紧张，祖父祖母不得不下令禁足。被囚禁在家中，爷爷甚至连念“人之初，性本善”的“卜卜斋”都不用去了。他的父母亲每日清晨早早出门，急匆匆地去办些事情。家里本来就不算多的佣人自然也慢慢地离开了，理发店的伙计也少了一大半。终于有一天，他的父母拉上了行李，带上他与他那裹了小脚的外婆，出发了。

他终于明白为什么家里人不让他出门了。

小花园外的围墙愈来愈厚实，这一堵由尸骸筑起的围墙散发出阵阵腐臭，收尸的人拉着车，从尸墙的最上方把人肉砖头给拉下来，摔在地上，再抬上车，也不知道他们抬了多久，车上已经堆了一半的人了。

“等一下。”那个把刚刚摔下来的尸体抬上车的人示意继续扒拉尸墙的人。

“怎么啦?”

“这个人刚刚是不是动了一下啊?”

“我瞧瞧。”未亡者头悬在半空中，幸好还有大半个身子挂在墙上，否则非得掉下来不可。

拉尸者用带着满是尸臭的手指抵在了幸存者的鼻孔边，此人被恶心的恶臭熏到了，不知是咳还是呕，从口中飞出了一滩污血在地上。

“喂！这个人还活着!”他向对面忙活着的人群吆喝道，并连忙把那个幸存者从满是死亡恶臭的车上抬到地上。对面的人匆忙拿着担架跑了过来。

“小孩子别看这些东西。”太奶奶一把捂住了我爷爷的眼睛把他拉走了，他感觉到了自己和车上的尸体相反的命运，车上的尸体永远留在了这个地方，而将要上车的他们，却是要彻底离开这个地方了。

作为香港人的他在8岁就死了，作为广州人的他在8岁的时候出生。

在他老了之后，他也只能以旅游观光为目的，欣赏这个金融大都市的繁荣，他那个在旺角早就说不出具体地址的家连同那辆运尸车一起被埋葬到不知何处去了。

死了的已死去，活着的还得继续活着。活着的太爷爷、太奶奶、太奶奶的妈妈、我爷爷，还有肚子里尚未出生的五叔公，及那些想一起去广州的理发店的伙计们互相照应，摸索着走到了广州德政北的一处被炸过的空地上。

空地有一间被炸了一半的单层房子。由于被炸了一半，看上去便像一个横着放的直角梯形一般。

虽然屋子很狭窄，只有10平方米左右，但他们还是手脚麻利地收拾好了里面的碎石，擦拭掉墙上的血迹，把腐烂了一半的尸体搬了出去处理好。这里从此就是他们的家了。

白天，这里是随意搭建起来的理发店。晚上，便是一个靠挤在一起睡觉获得安全感与温暖的家。

就是在这里，在太奶奶生下了五叔公、六叔公、七叔公和排在第八位的姑婆之后，我的爷爷也长大成人了。那时候的长大成人哪有什么满18岁的标准?只要能做工、能给家里挣口饭吃的都是成年人。

大一点儿的男孩一边举着牌子一边喊着“理发”招揽顾客，小一点儿的男孩偷懒吆喝时只喊“飞”字不喊“发”字（“飞发”是粤语“理发”）。

大一点儿的男孩“喊街”喊了没多久，就去“造飞机场”了，手中举着的牌子变成了肩上扛着的装满了泥的扁担。

工作自然不像原来那么轻松了。但一想到可以给家里人减轻负担，给刚从肚子里出来的最小的妹妹挣多一口饭，他就觉得其中的乐趣多了许多。远离了家中的小弟小妹，在这里与同龄人交流，脚踏着泥和年纪相仿的新交朋友一边干活一边寒暄，在身材妙曼的为数不多的妙龄女郎背后指指点点，看她挑着泥双手半抬举扭着丰满的屁股往前走，纤细的腰肢支撑着整个身体的平衡，修长的腿迅速地从泥中抽出迈向前方，他就在此展开青春期该有的幻想。

但他人生中桃红色的时光并不是看着别人圆润的臀部，或掐着泥里挖出的皮肤还带有弹性的女尸的脸颊中度过的。

他的人生中最值得骄傲的桃红色时光，后来为家里每个人熟知。大家闭着眼睛都能倒背如流，背着背着还能发挥自己丰富的想象力，为这段最灿烂的时光添油加醋，从口中倒出比如今当红的电影还要精彩的爱情青春喜剧故事。

“我年轻的时候……”

“我知道！你有七个女朋友！”

“追求者众多，被女孩子们追了九条街。”

“有个叫‘要命’的女生追到你们宿舍，敲门敲了一晚上。”

“还有个印度尼西亚的，比你高一个头。”

饭桌上小孩子们拿着碗筷一句接一句，像是在问答节目中抢答一样。

“爷爷，你以前为什么会那么受欢迎啊？”不知道是谁扔了一句从来没人注意过的问题，大家没有插嘴了，夹菜的夹菜，吃饭的吃饭，没在吃饭的就在滑动手机屏幕，大家都把这个话题当作七点钟电视播出的新闻，关系到自己切身利益的就把头扭过去屏幕那边瞧一瞧，与自己无关的就当做是吃饭时听着音乐拌饭。

“我年轻的时候，不算很帅。”

的确不算很帅，我看过他为数不多的年轻时候的照片，平凡到扔在街上足以一瞬间被人潮淹没。

“因为以前挑泥修机场，所以也不算高。”

的确不高，即便人到老年身高就会缩水，但总不会一个一米八的大个子急速缩水缩至一米五。

至于钱，大家都知道他没有，这个他就没再提。

“后来我不挑泥了，进了工厂去做汽车，那时候车厂对面有个织布厂，车厂里基本都是男的，织布厂里基本都是女的，我们晚上只要有空就会约出来跳舞，每个晚上都有很多人约我出来跳舞。”

“你跳舞很厉害吗？”

“我根本不会跳，是她们把我拉出来跳舞的。”

“那为什么她们还要约你出来跳舞？”

“她们就牵着我的手，教我跳舞，也不怕我踩到她们，每次都有一大群人排着队找我跳舞。”

他的思绪回到了几十年前。他的眼睛一片浑浊，看不到几十年后的围在饭桌旁的我们的身影。

“奶奶奶奶，为什么你要嫁给爷爷。”奶奶比爷爷小 13 岁，爷爷每夜高歌乱舞的时候，不到十岁的奶奶还在照顾她刚出生的弟弟。

“因为当时有亲戚介绍我们相亲，看对眼了就嫁了。”

“那为什么爷爷不和印度尼西亚的或者是和‘要命’结婚?”

“我妈不喜欢她们俩，说我和印度尼西亚的是‘电灯柱挂老鼠箱’，‘要命’是真的要我的命。我妈喜欢你奶奶，我们就结婚了。”他用筷子指了指我奶奶，眼睛里比刚才多了一丝饭桌上的天花板吊着的灯的反光。

“那奶奶为什么一定要嫁给爷爷?”

“……他那时候人挺好的。”奶奶扒了两口饭，才回答道。

到现在我们也没扒出什么有意义的情报，奶奶那时候的沉默到底是因为扒了两口饭而停顿一下，还是因为在思考当初到底为什么要嫁给这个比他大13岁、年轻时当他是老爷伺候，而老了把他当三岁小孩喂养还要给他兜屎兜尿的男人；抑或只是纯粹地害羞了一下。

我还记得小时候曾经看过他们六十多岁的时候去补拍的婚纱照，分为中式婚纱和欧式婚纱两套。摄影师很贴心地给了我爷爷一个小凳子让他站在上面，多亏了这张小凳子，照片上的奶奶才能第一次把脸靠在我爷爷宽厚的胸膛上。他们脸上的皱纹都被软件修掉了，一块斑点都没有，两个人脸上都画上了最好看的妆，看上去年轻了二十多岁。照片上的每一个姿势，每一个表情，尽管是在摄影师的指导下摆拍的，大概还摆了很久，但那眼神与嘴角动作，无一不露出最最幸福的笑意。

在这一段作品节选里，作者叙述了爷爷幼年时期改名字、童年时期避祸迁家，青年时期与奶奶的“浪漫史”三件事情。结合作者的结构导图来看，她所书写的这三件事情在她的图中均占有重要地位。也就是说，这几件事正是结构导图所体现的：爷爷一生中重要的事情、对爷爷的一生命运产生重大影响的事情。由此可见，结构导图对于写作实践、理清思路的作用。

那么写作者的情感动机是怎样发生作用，为作品灌入灵魂的呢?

这个作品定稿的时候，文中的“爷爷”已经是一个久病的、意识混乱的老人了。作者说：“（爷爷现在）……只是一个将死之人在等待生命结束的日子而已。尽管这段生命之旅还没走完，但我们已经看到了今日到（他生命）最后一日的无限重复。更可怕的是，我们看见了自己的未来也很可能会是这样。……我可能以后像他一样度过一生，在失忆与幻觉中忍受着疾病的折磨，享受着家里人的陪伴，等待死亡。”

这样的动机，促成了她的写作。

实际上，此处列举的定稿片段，比初稿的面貌要好很多。初稿与定稿的差异主要在于行文的细节上。在文章修改的过程中，我们仍然延续了小组讨论的形式，小组成员（或老师）把对作品的意见以批注的形式写在文章空白处。作者根据这些意见斟酌、打磨自己作品的细节。这个过程可以参考第一章“回忆”写作的修改过程，此处不再赘述。

下面是另一篇作品《阿婆的一生》的定稿片段：

一

点香敬神之日，清晨五六点，家中最年长的老人即起身张罗。小时候，我常常在朦胧的睡梦里，听见阿婆倒茶换盏“乒乒乓乓”的响声，随后，一缕宁神的香气袅袅而至。我知道阿婆上香的时辰离上学还早，就半嗅香火半养神，直到村中的晨鸡报晓，我才起来。

我从来没见过这只鸡的真面目，我猜它会在天色暗明之际，跳上远处的谷堆上，摆好姿势，待旭日刺破晓雾，引颈长鸣。我家养在门口的鸡是不会报晓的，等小鸡长成半大，我阿婆便请来阉公鸡的师傅取掉它们的鸡子。阿婆说，用来祭拜神明的鸡必须是阉了的公鸡，不然老祖宗不高兴。

我阿婆拜神口中会念念有词，念叨什么？年轻时念丈夫出海平安归来，老了念儿女和顺。

二

我阿公年轻时是渔船里的出纳员，虽不似渔民干苦活那般辛苦，但一年四季长日随船出海，与渔民同吃同住，鲜少在家。

在旧时代，阿公是村里难得的读书人，精通算数，熟读儒家圣人诗书，写得一手好毛笔字，仪表堂堂，自有一派儒雅风骨。阿公为人不争，宅心仁厚，仁者寿，故岁数贵至九十好几，横跨了几个时代，见证了世间的风云变幻。

阿公五岁时，正值民国元年，海宴僻远，民国之风难越。及稍大，就读于始建于清朝年间的文海书院。革命的浪潮滚滚，民国之风席卷，文海书院改称文海中学。后来，阿公学成归来，谋得渔船出纳员一职，由政府发配薪粮。村里人皆言黄家祖上积德，歆羡不已。有风水师言是名字起得好，黄乃大姓，既是长子，又起名桂荣，当然大荣大贵。

只是我家乡俚语说，“风水佬讹（骗）你十年八年”。我阿公有学识，却不求贵荣，像一头牛，安安分分。

三

1934年，正当我阿公青春年华的时候，我阿婆呱呱坠地了。阿婆被起名为陈馨楠，因笔画繁多难写，又不识字，简化为新南。这倒似个男儿名，仿佛从名字开始，就注定了阿婆此生过得比男儿还要坎坷。

时代破旧立新，革除陋习，我阿婆免受裹脚之苦，不及十岁，竟从她母亲的三寸金莲里出落成一双大脚。等成年定形，阿婆那双脚长至四十码，更是当地女儿家少见的。

女人大脚，在民风始淳的小村中，自然不被接受。阿婆因大脚被认为是不祥之人，不知是一语成谶还是巧合，她的父亲时值壮年无故过世。世道艰难，她的母亲独自拉扯一女三子，难！

阿婆的母亲长得一副好模样，在媒人的介绍下，母亲改嫁。只是男方有一条件，可以带儿子过去，不能要女儿。她母亲狠下心来把她送到附近的上坑村。

上坑村这户人家也姓陈，与她有远亲关系，家中经济宽裕，育有一儿一女，嫌不够，想要再得一女儿，壮大子孙后代。其实，这上坑陈家打量过这笔账，我阿婆小小年纪便长得高挑喜人，一头乌黑的长发在村里小姑娘中扎眼得很。上坑陈家想着这姑娘干净漂亮，将来嫁到好人家去，不亏本。晚些嫁人，留在家中，也可帮忙干活。可惜这如意算盘打得太早，不出几年，上坑陈家就没落了。

没落中，陈家人想起这大脚丫头生得晦气，惊慌不已，急急忙忙要把她卖了。

其时我阿婆十二岁，长得却仿佛十六岁的大姑娘。就在被卖的前一晚，知道自己再一次被抛弃，她躺在床榻上，眼泪哗啦啦地流。她在无声地哭泣，即使哭出声来，谁又会怜悯她？唉，她想起她死去的父亲，那是唯一值得念想的人。她的亲生母亲和哥哥弟弟都无情地抛弃了她，现在，她的养父养母也要抛弃她。她觉得自己仿佛被风追着乱跑的落叶，无人疼爱，任风欺凌。或许她的亲生父亲也不十分疼爱她，但比起那些抛弃她的人来说，父亲就是此生对她最好的人。可是对她最好的人在哪里？他的尸骸早已和黄土融为一体，别人还说是她命硬，克死自己的亲生阿爸。想着想着，她在泪水中睡着了。她太累了，在这个家，即使她拼了命地干许多农活，在吃食方面尽量吃最小份，可也难免受人白眼。如今，更是连小小一方容身之所也不给她，明日她要被卖到哪里去呢？

四

这一次，有所不同的是，她以新妇的身份被卖。在她的新家里，她要称呼一个凶巴巴的女人为家婆，一个老掉牙的老头子为佬爷。她要嫁的人是黄家的大儿子，黄家的大儿子便是黄桂荣，虽年近三十，但因常日随船出海，尚未成家立业。他还有两个弟弟，二十来岁，在家中打理几亩耕地。

我阿婆来到黄家半年多都没有见到她的丈夫，十二岁的年纪，尚未懂夫妻之事，要待她过了十六岁，尚可圆房。阿婆在很久之后回忆起她的这段童养媳岁月，依然痛恨在心，她说她一辈子都记得那种痛。以至于她在晚年意识模糊之时，常常疑心有人要打她。晚年病痛缠身，卧床的阿婆在我看望她之时，会俯过身来，在我耳旁用担忧急切的调子对我说："阿平，你明天下午一点钟要准时来这里守着我。有人要害我，要打死我，就在这几天搞事，你一定要来！"

她握住我的手，像握住救命稻草，她已经不是第一次跟我说这种无中生有的话了。

"阿平，昨晚有人往我屋顶上扔石头，今天夜里他就要来害我了！你大伯联合别人要来打我，我给你这个电话，要是出了事你就打这个电话……"

"阿平，我悄悄跟你说，你妈妈偷喝了我的补药，你不要告诉你妈，我心里知道就好，让她喝吧，唉……"

我最怕听老人家叹气，那叹气声是绝望的，每次听到这些话我都无可奈何。我阿婆在暮年整天活在忧惧中，她黑黝黝的脸上布满了树皮似的沟壑，那是岁月留下的痕迹，她的恐慌也是铭心刻骨的悲惨遭遇所带来的。

在她十多岁的年纪，在她成为丈夫的新妇时，她的家婆要给她下马威，每日对她恶言相向，拳打脚踢。若我阿婆反抗，她家婆便拧大腿、扯头发，甚至用嘴咬这个十来岁小女孩的乳房！

哭声与叫声从灰黑的瓦房顶交替传出，我阿婆疼得尖声大叫，叫完就放声号啕。后来我阿婆不吵也不闹了，因为疼痛是可以习惯的，像是麻木了一般。这样，她的家婆才认为，如此经过锻炼的新妇，才是她称心如意的新妇。

我阿婆几十年后回忆起这段经历，一把年纪了还咬牙切齿，不肯饶过那段岁月。她记得她丈夫的两个弟弟也合起来打她。即使到了儿孙满堂之时，她亦咽不下这口气，不与他们往来。

在这一段作品节选中，作者讲述了阿婆幼年被送人，又被卖作童养媳的经历。作者从老年阿婆的祭祀行为入手，以倒叙、插叙的写法，让阿婆作为作品的叙述者，“我”作为作品的对话者，来挖掘阿婆的传奇故事。

作者这样介绍写作动机：对阿婆的亲密感情，是选择为她写传记的原因。阿婆的性格非常鲜明，而且她早年的经历是她后来一生要强，“不肯饶过那段岁月”的原因。

《阿婆的一生》的初稿整体较“平缓”，经过小组讨论之后，作者接受大家的建议，有选择地对代表性事件强化细节描写，我们所看到的节选，即是作者修改后的定稿。

本章小结

本章内容——家族人物传记写作，是一次中等规模的写作练习。

在本章的写作教学设计中，我们将以“结构导图”为工具，来组织写作内容、策划作品框架；以开放性的写作技巧为依托，完成家族人物传记的写作。

通过本章练习，我们希望写作者可以获得以下能力：

（1）面对较长篇幅、较大规模的文学作品时，能够保有创作的宏观视角。

（2）纯熟地使用多种类型的文学写作方法，寻找到一种令写作者自己感到舒适的写作风格。

本章写作练习的最终作品是一次中等规模的非虚构文学作品。在此经验的基础上，写作者可以尝试使用结构导图进行较大规模的故事策划，完成长篇的叙事类文学作品的创作。

练习题

请按照下面的步骤完成一篇人物传记的写作：

1. 访问你家族中的一位老人，按顺序写下他生命中的大事。

2. 整理资料并画出作品的结构导图。

3. 为采访人生命中的重大事件寻找内在逻辑，并使用故事写作的方法写出他的传奇故事。

4. 在写作过程中，可以经典人物传记为案例；先讨论内容的选材与布局，再雕琢细节。

第四章　三行诗

玛丽·奥利弗曾说："写诗不是一种谋生职业，而是一种生活方式。诗是一只空篮子，你放进自己的生活，它给你全新的天地。"

但丁说过：

于生命旅途中醒来，
我发现身在黑暗森林，
只因我已偏离了正道。

从翻译过来的作品中我们看不到押韵、对仗，我们只看到一个迷路人的觉醒，这是一个典型的递进，正是但丁开启了三行诗的先河。"三"在基督教里有着丰富的内涵，是圣父、圣灵、圣子三位一体的象征，但丁作为文艺复兴的先驱，著有《神曲》包括《地狱》《炼狱》《天堂》三部，每部33篇，加上序诗正好100篇，"十"是完全，"百"则是完全中的完全。除此之外，全书100篇一律用"三行韵律"或"三行连锁押韵法"写成。每首诗歌都是由三行诗节一环扣一环，连锁接成的长链条。

一、教学要点

三行诗是信息技术革命对诗歌创作产生影响的产物，因其格式简单、内容直接、便于操作等优势成为流行的诗歌文体。

三行诗主要包括"递进"和"转折"两种类型的写作模式。

本章将在解读三行诗的写作规律、写作方法的基础上，通过具体的写作训练，让学生掌握"抓取灵感""凝练个人情绪"等技巧。

学会欣赏优秀的三行诗作品，并能够创作三行诗是本章节的主要教学目标。

本章的内容适于两个课时的教学。在第一个课时中，大家将通过案例欣赏和分析，来了解三行诗的写作规律和创意原理；在第二个课时中，所有人都将身体力行地参与到三行诗写作的练习中来。

二、创意原理

（一）情绪驱动

诗歌创作是一种本能需求，就像人饿了要吃饭，渴了要喝水；情感激荡的时候人们自然会发出吟咏。《毛诗序》中说“在心为志，发言为诗。情动于中，而形于言，言之不足，故嗟叹之。嗟叹之不足，故咏歌之，咏歌之不足，不知手之舞之，足之蹈之也”。鲁迅先生所谓的“吭哟吭哟”派，也是从诗歌抒发情感角度来写的。

所以，情绪驱动是诗歌写作的条件。如果你喜欢阅读诗歌，甚至想自己创作诗歌，千万不要担心自己的写作会稚嫩笨拙；如果你能够感知自己的情绪，你会发现事情变得简单了。

三行诗写作练习，即以情绪驱动为充分条件。

关于诗歌受情绪驱动产生的故事，曾经有一段佳话。话说唐朝才子朱庆馀在进京赶考之后对结果忐忑不安，于是写了一首《闺意》呈给当时的考官张籍，以此探问考试结果，其全篇是：

洞房昨夜停红烛，待晓堂前拜舅姑。
妆罢低声问夫婿，画眉深浅入时无？

张籍看了朱庆馀用婉转手法写就的诗作，笑了一笑，随后也题诗一首予以回复：

越女新妆出镜心，自知明艳更沉吟。
齐纨未足时人贵，一曲菱歌敌万金。

（二）三行诗的趣味

三行诗是用三行文字的形式书写刹那间感性的文学作品。

这种写作不涉及诗的格律、韵脚、诗行排列等外在形式，也与诗歌内在信息的性质以及作者身份、读者对象、诗歌的传播方式等因素无关；它是瞬间感性的及时捕捉和思维之流的恰当截取，是现代人抒发情感的有效方式。

作为诗歌形式的一种，三行诗同样追求通过富含意蕴的意象，具有典型意义的生活片段，或是具有表现力的瞬间，将生活和情感高度浓缩，反映具有普遍意义的社会现实。

比如，臧克家写过一首诗《三代人》：

孩子在土里洗澡
爸爸在土里流汗
爷爷在土里埋葬。

短短21个字就刻画出了三代人的形象和境遇，进而折射出中国世世代代生活在土地上的农民的生活和命运。以小见大，既符合中国人含蓄的性格，又能展现作者高超的人生智慧，且不需要太多的苦心经营，构成了三行诗被时人青睐的重要原因。

（三）写作规律

三行诗包括两种情感类型：一种是在原来的知识基础上发展新知识，是为递进；另一种是在日常的情感中翻出新感觉，是为转折。譬如，在大家都知道的事物上面写出你的新发现和新感觉。

三行诗以简练的语言，抓住一闪而逝的情感波动，相当于抓住了写作激情的出发点。三行诗的写作练习重视每一点珍珠般闪光的创意，也重视文类成规。写作规律正如导航，可以帮助路盲者找到抵达目标的捷径。

无论多长的文章都是一小段一小段积累起来的，如果每小段都有珍珠般闪光的创意，再加上文类成规的训练，成为作家并不是梦。

三、写作设计

本章写作练习具体步骤包括：

（1）通过欣赏优秀的三行诗作品，激发写作者关注、抓住日常情感的能力。

（2）写作者体味情感，进行初步创作，感受写作的乐趣。

（3）总结三行诗写作的特点和规律，引导写作者通过三行诗写作抒发自己对生命、生产、生活的感悟。

（4）通过优秀作品分析，在对比中使学生获得三行诗创作的能力和诗歌的深度审美能力。

（一）案例欣赏

在网络视频搜索中键入关键字“最短小情书”，我们会看到一个 5 分钟左右的文字视频。这个视频内容被网友称为最美小情书。内容是作者将从日本国内寄来的“对最重要的人的感情”摘录成三行情书，或许我们会从中体会到自己的虚弱与坚强。

这些文本作者的年纪为 15～79 岁，如果把这些话语看成是一个人的作品，几乎是有独立意识的整个人生。生命长河中，人们有自己的思想，过着自己想过的生活，也清楚地知道谁是自己最重要的人。但是在不同的人生阶段，我们要怎样表达对世界的爱恋呢？

通过按照年龄排了序的文本，我们可以观察到人在成长的过程中心理发生的变化。

我们一起来轻轻读[①]：

1

（东京都　男性　14 岁）

爷爷，您为何不再睁眼

我永远无法再见您

却空剩下那些肩部按摩券

点评：我多想，能为您，多捶捶背。

2

（兵库县　男性　15 岁）

你那些恶作剧

我是故意中招的

因为想看见你的笑颜

点评：恶作剧，我喜欢，因为你的笑脸。

① 本部分内容引自 http：//yujianzuimeidewenzi. lofter. com/post/38074d_137fdd7，有修改。

3

（大阪府　女性　15 岁）

对着考试前紧张的我
你说的那句“加油”
又让心跳多出一分

点评：我想要高分，也很希望，你走近我。

4

（大阪府　男性　16 岁）

收到你的消息
问我还好吗
就是此刻，我精神一振！

点评：为你，即使肝脑涂地，我也无怨无悔。

5

（岐阜县　女性　16 岁）

无论邀她多少次去唱 K 都是拒绝的妈妈
虽然落寞地笑称自己是音痴
可我却至今记得，儿时耳边萦绕的摇篮曲

点评：妈妈不会唱歌，可是哪个歌星，都没她唱得好。

6

（北海道　男性　17 岁）

爸爸做的唯一一道菜
咸鸡蛋饼
比什么都好吃

点评：爸爸的鸡蛋饼，虽然简单，但充满温情。

7

（东京都　女性　18 岁）

电话里吵了架

即使如此

却还想见你

点评：把烦恼当作调料？过了这关，才懂得什么是爱！

8

（奈良县　男性　18 岁）

短信来了。你问我在干什么

“在发呆。”我这样回道

“在等你的短信。”这样的话发不出去啦

点评：爱你在心口难开，男生的面子啊，坏了多少事！

9

（东京都　女性　18 岁）

醒来时的我，

依然握着手机

我一直在等你的消息。

点评：你知道吗？等你，是女人最深情的告白！

10

（熊本县　男性　21 岁）

跟着我

不喜欢吗？

如果不喜欢那我就跟着你走

点评：向左走向右走，无论何方，一起走。

11

（兵库县　女性　24 岁）

当我在抱怨“京都与神户的远距离恋爱”时
奶奶微笑着说“20 年前我就开始远距离恋爱”
天国的爷爷，您听到了吗

点评：生与死的距离，也冲不淡真挚的情感。

12

（京都府　女性　25 岁）

推我一把叫我“加油”的
抱着我让我“不用硬撑也可以的”
都是你

点评：进亦忧，退亦忧，然则有你在都无忧。

13

（德岛县　男性　25 岁）

无论悲伤还是喜悦
希望你首先想到的
永远是我

点评：男人也不总是自信，特别在面对，自己的爱人时。

14

（奈良县　女性　27 岁）

试着在我的名字前写上你的姓氏
天造地设的合适
于是不断地重复着如此

点评：爱上你，我就是你的，连名字都是。

15

（青森县　女性　28 岁）

看着笨拙地哄着孩子的父亲的侧脸

我知道了我是如此被爱着

眼泪止不住。父亲，谢谢你。

点评：您这么笨，我是怎么长大的？泪如雨下。

16

（大阪府　女性　30 岁）

想把和你长得很像的儿子

培育出你一样的性格

这样又会多一个人和我一样幸运

点评：性格决定命运，你的性格决定了我的幸运，我愿意延续下去。

17

（爱知县　男性　31 岁）

手机里依然留着

“喜欢你”

那句未曾送出的信息

点评：喜欢悄的心情，传达不出去，也不愿忘记。

18

（大阪府　女性　33 岁）

孩子丢给父母照看后两人约会

经常牵着孩子的你的右手

终于久违地又牵住了我的

点评：人到中年，浪漫不减，你别忽略我的情感。

19

（东京都　女性　33 岁）

呐，我知道的

纪念日时你戴了与那天一样的领带吧

不过，我还是会装作不知道的

点评：经历过许多风雨，我已经可以懂你，柔情似水。

20

（千叶县　女性　34 岁）

真相连对你也未曾提起过

笨手笨脚的你竟然为了我而哭泣

那就是我嫁给你的理由

点评：男儿有泪不轻弹，何况泪眼对红颜！为此嫁你我心甘。

21

（广岛县　男性　37 岁）

凝视掌心短短的生命线

自言自语是否真有命运

沉默的妻只是拿笔将它延续到手腕

点评：我不怕命短，因为知道，你会亲手给我续命。

22

（东京都　男性　53 岁）

如果你在天堂遇见我

请装作不认识我的样子

因为下一次也想由我向你求婚

点评：一辈子的爱不够，我还想从头再来！下辈子还娶你。

23

（埼玉县　男性　60 岁）

奶奶啊，生日快乐。

女性的美是和蜡烛的根数成正比的

这是真的

点评：我的牙掉了，奶奶说，上牙扔房上，下牙扔床下。

24

（神奈川县　男性　79 岁）

妻啊

虽然开不了口说爱

但不准比我先死

点评：为了你，我向死神宣战！虽然没有胜算。

请同学们交流一下：最令你感动的？让你产生共鸣的？你最喜欢的？最可爱的、最伤感的、最难忘的……是哪一首呢？

蒋捷《虞美人·听雨》词："少年听雨歌楼上，红烛昏罗帐。壮年听雨客舟中，江阔云低、断雁叫西风。而今听雨僧庐下，鬓已星星也。悲欢离合总无情，一任阶前点滴到天明。"可见，人生不同阶段的况味迥异，诗词能带给人真切的体验。

诗歌作品可以给我们两次体验生命的机会。第一次是当诗的情感在真实的时间中发生的时候，第二次则是在内心的时光中再次品味的时候。如果说大家担心无法像蒋捷那样写出符合格律的作品，那么可以试写属于自己的三行诗。

例如，"你那些恶作剧/我是故意中招的/因为想看见你的笑颜"。不正体现出了少年心吗？再看"凝视掌心短短的生命线/自言自语是否真有命运/沉默的妻只是拿笔将它延续到手腕"，作者中年时对生命的理解如此深刻。一旦步入老年，"妻啊/虽然开不了口说爱/但不准比我先死"，还有比这更催人泪下的吗？爱不需要太多的语言，让简单的凝练去经营人生吧。

诗歌本身具有言短而意长的特征，周作人将其表述为"在忙碌的生活之中浮到心头又随即消失的刹那的感觉"。这种感觉我们还可以从其他的作品中体会到，如巴特尔的哲理三行诗：

雨，是云的花
花，是树的泪
泪，是心的雨

雨、花、泪；云、树、心；花、泪、雨；在某个独处的时刻，你是否也有过类似的一闪而过的感觉？你抓住这种感觉了吗？

又如北岛作品《和平》：

在帝王死去的地方，
那支老枪抽枝、发芽，
成了残废者的拐杖。

工具本无善恶，杀人时就是凶器，助人时就是功德。在人类多为物役而痛苦的今天，《和平》无疑是一种告诫。

再看席勒笔下的《科学》：

有的人当她是高贵的女天神，
而另一些人，
当她是供应黄油的有用的母牛。

不只是对科学如此，人们对哲学、艺术、教育等都有类似观念上的区别。

汪静之是五四时代“湖畔诗社”的成员，其作品《过伊家门外》是这样的：

我冒犯了人们的指摘，
一步一回头地瞟我意中人，
我怎样欣慰而胆寒啊！

作品写于 1922 年。那时候恋爱是秘密的，看意中人也只能“瞟”，即便如此还是冒犯了“人们”，引得指摘。“我”看到了，多么欣慰，在指摘中又多么胆寒。

冰心作品集《春水》中有这样的诗句：

墙角的花，
你孤芳自赏时，
天地便小了。

世界有多大，就看人心有多大，人心大了，世界就大，人心小了，世界就小。孤芳自赏的人把自己当成世界。

雷抒雁的作品《露》：

黑暗定然是痛苦的溃退的，
要不，
草叶上怎有它绝望的泪滴！

这是一首咏物诗，黑暗注定要过去，光明注定要来到，就让黑暗的眼泪敲响自己的丧钟吧。

（二）情绪激发与写作训练

优秀诗作的欣赏，在某种程度上已唤起大家的写作冲动，接下来我们将按照三行诗的写作程序，开始创作三行诗。

第一步，情绪激发。

你有喜欢的人吗？你有想喜欢的人吗？写三句话给她（他），让她（他）因此而想起你的好，以及世界的美好。

以下例子可作为参考：

有你就好

富士山顶
雷峰塔下
有你，荡迹天涯都不怕

认真

认真吸引，认真失身
认真情深，认真婚姻
认真到别人无处插针

钟情之人

人世中的你独自美丽
我多么想拥抱你
在生命里

第二步，作品交流。

请写作者们朗读一下自己的作品。这时候老师需要进行点评，重点在于鼓励写作者激起创作热情。真实的感情是人生宝贵的财富，再稚嫩的文字，只要是发自真心，也具有诗的本质，可以请写作者们互相点评。互评要遵循的原则：

（1）保密原则。完全相信伙伴，不把伙伴的秘密透露出去。

（2）合作原则。这里没有师生，大家都是爱诗、写诗的人。

（3）激励原则。至少发现对方作品中的一个优点，找不到就说自己做不到的地方。

（4）不抗辩原则。每个人都是读者，也是批评者，接受批评的时候只做记录，不抗辩。

（5）建设性原则。不互相吹捧，要提出建设性意见。

第三步，修改。

写作三行诗不是我们训练的目的，我们的目的是利用三行诗这种相对简便易行的形式来培养写作者的创新精神，学会捕捉生活中令你感动的瞬间，用文字将这种感动记录、留存，进而生发出对生命、人生的理解和认识。

在听完大家的交流之后，检查一下自己所写的作品，看看是否表达了你的想法，是否考虑到了押韵的问题。进而修改或者重新写作。

第四步，发表。

分享诗歌使我们能够以一种比日常对话更深刻、更彻底的方式表现自己，接纳他人。当我们体验着别人的诗作，我们往往能够受到启发，并对自己的感觉、思考、认知、分享和发现的潜力有新的认识。把这种幸福传播出去吧，让自己的诗作成为别人幸福的源泉！

（三）作品讨论与文类成规

三行诗篇幅很短，但是情感绵长，诗意或者递进或者转折，给读者一个思考的空间。三行诗对韵律几乎没有要求，名之以诗，主要因为诗的意象和韵味。

三行诗中的递进和转折则主要从内容含义上表示，如“看着笨拙地哄着孩子的父亲的侧脸/我知道了我是如此被爱着/眼泪止不住。父亲，谢谢你。”“接收—理解—反应”是一个顺序递进的过程，而“在帝王死去的地方/那支老枪抽枝、发芽/成了残废者的拐杖”，则是明显的转折。帝王死了，武器也当腐朽，然而那老枪非但没有腐朽，却“抽枝、发芽”，“成了残废者的拐杖”。害人的武器变成了助人的工具。

中国有一个因三行诗成名的农村小伙李佰忠，他在天涯社区开博客“三行诗千首”独树一帜，下面仅列举几首。

听话的孩子

我是个听话的孩子吗？
不，不！
我通常连自己的话也不听。

兔子

我就像那一只兔子，
还没有掩藏好自己，
就贸然出来觅食。

忙不忙

我忙不忙呢？
手头好像也没有很多事情，
可是心里着急！

听话的孩子，连自己的话也不听；兔子还没有藏好，就贸然出来；我手头不忙，但是心里很急。这种转折出乎意料，但在情理之中，引发读者对惯常思维的突破，令人眼前一亮。

既然是诗，追求一点儿韵味总是好的。李佰忠所做押韵的作品，读起来会工整很多，例如：

雨诗

细雨的树下风在倾听花叶的流年，
她撑着伞走着碎碎的脚步来到你跟前，

让一滴雨滋润了笑容今晚就可以无眠。

春

春鸟啼鸣昨日轻风烂漫的年华，
且听一听且听一听，
草叶偷偷地在你面前萌芽。

下面是一些优秀的学生作品：

爸爸

其实你也只是千千万万打工者中的一个
却在电话那头
表现得像个千万富翁

校园的凤凰花

你说你本只是凤凰花一朵
无端听得了琅琅书声
成泥也芳香

黄俞梦同学的这两首作品分别采用了三行诗的转折和递进手法，打工者没有多少钱，但是对孩子的付出，可以不惜一切，让读者真实触碰到了一个父亲的博大胸怀和浓浓爱意；校园对人的塑造主要是通过环境熏陶，凤凰花也有了芳香，学子皆腹有诗书气自华。

韧

叶子背面泛着深灰
繁盛而离散的生命
无人问津

苏锦萍从一片叶子看到了生命的坚韧，即使无人问津，仍然有坚持的理由。

日出

倾斜的黎明
是黑夜的俯首感恩
钝钝眨眼

郑惠萍的这一作品动感极强，日出倾斜了黎明，黑夜也知道感恩，在那里钝钝眨眼。“感恩”比较抽象，“眨眼”非常具象，抽象到具象，情感因具体而递进。

奶奶

害怕和拒绝着
一个长大的
但是，没有你的未来

郭茵写出了成长的烦恼，谁不愿长大呢？但是奶奶会因此而离去，实在难割舍。诗中转折的设置直接却不突兀，道出了人生的况味。

有那么一个人
爱你
低至尘埃，开出花骨朵

张爱玲说过：“遇见你我变得很低很低，一直低到尘埃里去，但我的心是欢喜的，并且在那里开出一朵花来。”黄贵莉这个作品取其义，写出了新感觉。

我会一点一点地努力
拉近彼此的距离
让我有与你并肩作战的权利

校园爱情往往潜藏着耽误学业的危机，这也是学校和家长反对学生在校期间谈恋爱的主要原因，如果大学生们都能够像黎春连在诗中写的这样，爱情环境必大有改观。当然，校园里面都是优秀的年轻人，能成为伴侣的只有一个，看韦红兰的这首《你是太阳》：

世上有几个湖面
就有几个太阳的分身
而真的太阳像你一样只有一个

喜欢上一个人，世界也会改变原来的样貌，莫冬爱的诗表达了这种欣喜：

再平凡不过的小路
因为有你走过
也会变得生机勃勃

至此可以重述一下三行诗的写作要求。第一，字数不能多，写成三行排列；第二，内涵可以是递进的也可以是转折的，递进要使情感升华，转折则要别出新意；第三，进行实操，多练习。

由以上的写作练习过程和学生的作业案例可见：写作是一种习得能力，经过一千次的练习，再笨的新手也能变成熟手。

创意写作把天才培养成职业作家，把更多的人培养成写作高手。艺术创作是一条双行道，我们创造了艺术，艺术也成就了我们，它丰富了我们的生活，也教导了我们，引导我们以新的方式思考，并促使我们每一个人形成对真与美的感受。

本章小结

三行诗写作可以训练写作者提高捕捉灵感、激发创意、促进写作等能力；配合新媒体的推广，三行诗写作对唤醒写作者的写作热情，建立写作者的创作信心也会产生积极的效果。

三行诗教学利用其简单易操作的特点激发写作者对诗歌创作的热情，克服写作障碍。教师在点评作品时应注意多表扬少批评，这样有助于提高写作者的写作实践积极性。

练习题

创作三行诗，制作成 PPT，可配图，便于在写作者间进行交流。

第五章　历史故事重构

一、教学要点

“历史故事重构”是一种二次加工的写作。与原创的虚构叙事不同，它大致是有本可依的，即它有很多的规定性。

重构写作或规定开头和结局，或规定故事的主体框架和部分矛盾冲突，或规定了部分人物和人物性格，或者规定环境和历史细节等，这些既为写作提供了很多便利的参考，也可能成为写作的束缚和滞障。

“历史故事重构”的写作训练主要是锻炼写作者对材料的挖掘和加工的能力，对情节的扩充和自圆其说的能力，对细节的塑造和描述的能力。

“历史故事重构”的写作练习，将按以下三个步骤逐次展开：

首先，面对相关的史料，写作者需要确定叙事类型或文学体裁，再根据写作需要对史料进行取舍、整理与加工。在这个过程中，写作者将了解历史书写类型对规范性与自由度的不同要求，掌握相应的写作风格。

其次，通过对史料的梳理，写作者需要确定历史中的人物形象和事件逻辑；并以人物小传的形式，对重构的人物进行规范。

最后，在被规定的写作情境中，让写作者逐步充实情节，丰富细节描写。

“历史故事重构”不仅是写作过程的训练，还包括了动笔前的大量准备工作，这对写作者提出了更严格的要求。

二、创意原理

（一）素材：被书写的历史

谈到“历史故事重构”，看似是一个偏正结构的短语，其实是并列结构，至少在后现代历史学看来，历史等于故事，也等于重构。

所谓的“历史”到底是什么，是历史学本身发展很久之后才去设问的本体论问题，至今尚无定论，但至少它涉及过去、事实、材料、阐释、书写等一系列关键词，但更重要的是，这些词似乎也不比“历史”这个词本身好懂多少，因为任何人看到的历史，肯定都需要他人的讲述，这个讲述的人并不是“历史”的，他总会带着后人的眼光，带着个人主观化的色彩。

所以爱德华·霍列特·卡尔曾经说过“历史就是历史学家与历史事实之间连续不断的、互为作用的过程，就是现在与过去之间永无休止的对话”[①]。

在历史重构书写之前，需要破除对历史书写的畏惧感。历史叙事与虚构叙事并非截然不同，但就算是严肃的历史著作，难免也有一定的主观性，何况对历史的改写或者以历史为蓝本的叙事故事，所以要做的第一点就是大胆去写。

（二）创作：从历史到故事

如果我们把历史看成较为客观的对象，把故事看成较为主观的书写，那么我们会发现在历史的一端通往故事的另一端的路线上，分布着不同的写作类型：

	历史研究	通俗讲史	历史小说	架空历史
对史料要求	高	较高	较低	低
作者自由度	低	较低	较高	高

当然在这条路线上并不只分布着这四个点，比如“架空历史”还可以分为“半架空”和“全架空”等。原则上这条横线越往右，书写越开放，史实限制越少，作者的自由度越高。

而在进行“历史故事重构”写作之前，我们必须要了解我们重构的目的叙事类型，也就是我们要把选择的历史材料写成一个什么样的故事，除去历史研究著作不是我们的生产对象，剩下的是像《品三国》《明朝那些事儿》《那时汉朝》那样的通俗讲史作品？还是像《三国演义》《少年天子》《康熙大帝》《胡雪岩》那样的历史小说？抑或是《天意》《寻秦记》《步步惊心》《窃明》那样的架空穿越小说？我们进行重构书写之前，必须要确定体裁和类型，这些决定了我们对历史材料的收集程度和加工范围。

---

① 爱德华·霍列特·卡尔．历史是什么［M］．陈恒，译．北京：商务印书馆，2007：115.

（三）资料：收集信息

历史故事重构与一般的虚构叙事最大的不同在于对环境的规定性要求更强，也就意味着我们在写作之前必须通过收集各种史料，完成对当时环境的了解，并能够适当地加以运用，所以它的知识性比一般的虚构作品要强一些。这也给我们写作者提出了更高的要求，即怎样掌握历史中的环境要素及其细节呢？最重要的方法就是通过查询相关文献和史料，包括：

（1）史书："二十五史"、《二十五别史》《中国野史集成》及各代史料汇编等。

（2）典章制度：《唐会要》《唐六典》《元典章》《明会典》《清会典》、"十通"等。

（3）年表：《中国历史纪年表》《历代官职表》《清代官职年表》、各种人物年谱等。

（4）沿革：《中国历史地图集》《中国历代政区沿革》《历代沿革表》《历代疆域表》《中国历史地名大辞典》《中国古今地名大辞典》《世界地名词典》等。

（5）容貌：《中国历代人物图像集》等。

（6）典籍：《中华大典》等。

（7）人名：《古今人物别名索引》《古代名人字号辞典》《中国人名异称大辞典》《历代名人室名别号辞典》《中国近现代人物别名大辞典》等。

（8）年谱：《中国历史人物生卒年表》《历代名人生卒录》《历代人物年里碑传综表》《中国历代年谱总录》等。

（9）传记：《古今中外人物传记指南录》《二十四史纪传人名索引》《中华历史人物别传集》《二十五史外人物总传要籍集成》《中国古代地方人物传记汇编》《地方志人物传记资料丛刊》《外国历史名人传》等。

（10）名物：《事物纪原》《细说万事万物由来全集》《古今事物考》等。

（11）服饰：《中国服饰名物考》《中国历代衣冠服饰制》《中国衣冠服饰大辞典》《图说中国传统服饰》等。

（12）建筑：《中国建筑艺术图集》《中国建筑史》等。

（13）辞典：《中国历史大辞典》《中华历史大辞典》《中国近代史词典》《中国现代史词典》《外国历史词典》《史地知识词典》等。

我们的基本信息和材料可以从这些地方来，当我们根据写作类型，搜集到了基本满足写作要求的相关材料后，就要统摄这些材料，有所取舍，进行加工整合，列出时间线索、事件逻辑和人物形象，因为史料往往时间线索和事件逻辑比较清晰，人物形象在历史故事重构中便显得尤为重要。下面我们的任务就是试着为这些人物写一些小传，让其变得有血有肉，形象丰富起来。

（四）基础：人物小传

一般影视剧由于篇幅与表现形式的关系，往往在剧本之外，会写一则人物小传，作为剧中人物行为表现的根源与表演的参考，而在书写历史叙事故事中，我们也可以借鉴这个方法，在搜集完相对的资料后，根据掌握的资料，写一则人物小传，作为重构书写的基础。人物小传既不需要太多的字数，也无固定格式要求，但要能够体现出人物的基本性格。换言之，要有支撑人物行动的几个关键变量：形象与个性、故事背景、人物弧线、心魔和冲突、世界观、目标与动机、决定/行动/行为。由此可知，人物小传至少要包含以下要素：个人情况、家庭情况、教育情况、职业情况、社会关系、个性特点、主要兴趣等，有了这些要素基本就能推动情节合理地向前发展。我们可以参考影视作品中出现的人物小传。

电影《亲密敌人》各角色人物小传（节选）：

艾米（徐静蕾饰）

女，30岁，某投行高层。当交往七年的男友Derek因忙于工作，一年里只有不到30天和她在一起时，个性独立倔强的她感到被冷落，毅然提出分手。半年后二人重逢，艾米要面对的不仅是与前男友Derek打一场公司收购的保卫战，更要面对内心日益复苏的情感。

Derek（黄立行饰）：

男，30岁，某投行高层，智商奇高，情商平平。名副其实的工作狂，很少有时间陪女友艾米，因此导致相恋七年的两人正式分手，而即使分手半年再次遇到前女友艾米，他依然不懂为什么不工作的时间都用来陪她，她还是不满意？他不得不承认的是，除了曾经的爱人已成为自己最重视的对手，还有内心深处从没放下的感情。

瑞贝卡（梁咏琪饰）：

女，30岁。Derek身边最得力的干将，是Derek与艾米的朋友，也是Derek与艾米感情的见证人。她暗恋Derek多年，但碍于与艾米的感情，一直将自己对Derek的爱意深埋。在Derek与艾米出现矛盾的时候，理性上瑞贝卡是要两边劝和，在他俩复合的时候，内心既失落又难过。她是很多感情关系里

“红颜知己”这一类型的代表。

亨利马（李治廷饰）：

男，25岁左右。一个集科技宅男、拍客怪咖气质于一身的民间财经记者，即金融狗仔。经营着一个发布内幕消息的财经博客，用尽偷拍、监听等各种手段，获取第一手的财经讯息，信仰是“我要的是公平”，相信凭自己一己之力，能对抗操控金融股市的财团力量。当他卷入Derek和艾米的并购战争后，从最初的利用和斗法，到之后的好奇、欣赏、义气甚至喜欢，最终在二人职场和情场的迷局中，他促使二人走出关键的一步。

露西（钟丽缇饰）：

女，40岁。Derek的姐姐，时装设计师。丈夫多年前去世，深深后悔没有珍惜与爱人在一起的时间，也因此热情撮合Derek与艾米重新走在一起，是二人情感的黏合剂，对两人的感情进程起到了关键性的推动作用。

陈建东（赵宝刚饰）：

一个可以扭转局势的关键人物。他所控股的世界矿业三大巨头之一的B公司，正面临被A公司收购的境地，作为控股大股东的他，是所有股东的指向标，以男女主人公艾米和Derek为代表的各方势力，围绕着陈建东展开了激烈的争夺。他是这场收购战中真正的操盘手！①

（五）写作：通俗写史

我们刚刚所说的方法基本上是针对历史小说或者架空历史小说而言的，那么在历史与故事之间，还有一种在今天我们时常见到的类型，也就是通俗讲史。易中天、蒙曼、袁腾飞、王立群、纪连海等人都非常擅长这种历史讲述，那么此类型的写作（虽然经常表现为口头形式，但都有脚本）应该怎么构思呢？

（1）反其道而行之。

在非虚构历史叙事中，吉尔·莱波雷说我们要避免两个陷阱：一是猎奇，就是我们作为后人高高在上，用一种社会达尔文主义的观念去看待过去，得出的太过主观的结论，把过去“景观化”或者“奇观化”。二是一种当下主义，虽然理解历史对理解当下有着重要的意义，但这并不是我们回顾历史的唯一原

---

① 新浪娱乐. http://ent.sina.com.cn/m/c/2011-12-09/20383503899.shtml.

因，即我们不能用现在的观念去套以前的观念[1]。

这些规则当然在严肃的历史著作中必须要被遵守，但在通俗说史中，我们并不需要太多的顾忌，所以曹操可以是个“好老板”，伏羲是倒插门女婿等，这些并不是对待历史不严肃，而是写作的某种技法，一种必要的“陌生化”与调侃。

（2）时空旅行。

尽量掌握第一手资料，尽力实地考察，观其物，行其路，与博物馆或者当地人接触，多方位搜集资料。

我们来看看李开元为了研究刘邦出生神话之谜，去徐州访古问旧的记录：

2005 年 3 月间，我循先人故旧的足迹，到丰沛访古问旧。丰县县城东北两公里的古泡水上，现在的新沙河畔，有龙雾桥遗址，据说就是刘邦的母亲与龙相交合的地方。龙雾桥早年建有庙宇，已经毁失，现建有两座碑亭，为丰县政府所指定的保护文物。

……

我到龙雾桥时，已是夕阳晚照，河畔寂寥，碑亭残破，有船牵动水波缓缓驶过。身临其境，睹物生情，感沛县风土，儿女情事浓，神怪傅会深，久远的历史，若隐若现在水气雾霭中。（李开元《秦崩》）

（3）抽象阶梯。

我们写到具体事物的时候，能够进一步抽象化，比如易中天在谈到曹操的谋士的时候，进一步抽象化，谈论曹操对人才的态度以及他为何是一个“好老板”时，他写道：

那么曹操怎么就是个好老板呢？也有以下几点表现：

第一点：知人善任，唯才所宜……

第二点：推诚取信，用人不疑……

第三点：令行禁止，赏罚分明……

第四点：虚怀若谷，见贤思齐……（易中天《品三国》）

---

① 参见马克·克雷默，温迪·考尔．哈佛非虚构写作课——怎样讲好一个故事［M］．王宇光，译．北京：中国文史出版社，2015：123 – 124.

（4）流畅、流畅还是流畅。

通俗讲史与史学著作最大的区别就是在语言上，通俗讲史往往流畅易读，甚至宁愿用流畅性牺牲掉严谨，用浅白易懂牺牲掉专业，但换来的就是文章的趣味性，而不会那么死板。

三、写作设计

首先要学生们了解不同类型的历史叙事的写法，因为写法决定了重构史料时的数量和方式。而确定了类型之后，我们试着用人物小传的形式来确定重构的基本情节。最后再通过增加情节和丰富细节的方式来扩展历史叙事的文本。

（一）类型实验

对类型的选择，将直接决定写作者的写法。所以，在本章的写作教学中，可以先给写作者提供一份历史材料；然后，在“历史—故事”的线条内，写作者将选择不同的文体类型，进行不同的写作尝试。

下面，以“陈胜吴广起义”的史实为案例，来展示一个历史故事重构的过程。

（1）正史。

二世元年七月，发闾左适戍渔阳九百人，屯大泽乡。陈胜、吴广皆次当行，为屯长。会天大雨，道不通，度已失期。失期，法皆斩。陈胜、吴广乃谋曰：“今亡亦死，举大计亦死，等死，死国可乎?”陈胜曰：“天下苦秦久矣。吾闻二世少子也，不当立，当立者乃公子扶苏。扶苏以数谏故，上使外将兵。今或闻无罪，二世杀之。百姓多闻其贤，未知其死也。项燕为楚将，数有功，爱士卒，楚人怜之。或以为死，或以为亡。今诚以吾众诈自称公子扶苏、项燕，为天下唱，宜多应者。”吴广以为然。乃行卜。卜者知其指意，曰：“足下事皆成，有功。然足下卜之鬼乎?”陈胜、吴广喜，念鬼，曰：“此教我先威众耳。”乃丹书帛曰：“陈胜王”，置人所罾鱼腹中。卒买鱼烹食，得鱼腹中书，固以怪之矣。又间令吴广之次所旁丛祠中，夜篝火，狐鸣呼曰：“大楚兴，陈胜王!”卒皆夜惊恐。旦日，卒中往往语，皆指目陈胜。

——《史记·陈涉世家》

（2）通俗讲史。

这是秦二世元年（公元前209年）的七月。陈胜和吴广一行九百多人，因奉命戍边渔阳，临时集结在大泽乡。我们不知道这九百多人都是从哪里征调来的，只知道陈胜是阳城人，吴广是阳夏人，且都是住在闾左的平民。

一群素不相识的人就这样走到了一起，但山高路远，他们对自己的命运和前程都很茫然。

身不由己和前途莫测，也是肯定的。因为谁都不知道，作为戍卒，去了渔阳还能不能生还。

更糟糕的是，他们遇到了雨。

突如其来的瓢泼大雨从天而降，四野之内一片泥泞。通往渔阳的道路已被毁坏，大雨却丝毫没有停止的迹象。在无奈地等待了多日之后，如期赶到渔阳已完全没有可能。不能按时到达，等待他们的便是严苛的惩罚。

九百多人的无助和无望，不难想象。

幸运的是，他们当中有陈胜、吴广。陈胜和吴广是怎么成为朋友的，没人知道。但可以肯定，他俩是九百多戍卒中最不愿意坐以待毙的，也是最有头脑的人。

陈胜和吴广算了一笔账。他们说——

“今亡亦死，举大计亦死，等死，死国可乎？”

逃跑也是死，造反也是死。反正难逃一死，不如死得其所！

起义，已是唯一的出路。

尽管如此，陈胜和吴广仍不敢造次。他俩先是到算命先生那里去占卜凶吉，没想到卜者不但宣称大事必成，还暗示他们装神弄鬼，制造舆论，争取人心。

这就有了鱼肚子里的红字条和半夜三更的狐狸叫。字条写的是“陈胜王”，狐狸叫的是“大楚兴”，同时也叫“陈胜王”。假装狐狸叫的是吴广，在鱼肚子里塞红字条的说不定也是他。结果，陈胜立马成了人心所向。

——易中天《秦并天下》

（3）历史小说。

六月底，这支九百多人的屯卒部队踏上了东南大道。

……

不料，大雨连绵不停。一连数日，黑云翻卷的天空都是沉沉雨幕，无边无际地笼罩大地，似乎要淹没了可恶的人间。日日大雨滂沱，山原迷茫。乡亭内外皆水深及膝。雨水积成了无数大河小河，遍野白茫茫一片。大庭院的屯卒们，最初因劳碌奔波暂歇而带来的轻松笑语早没有了，每日都聚集在廊下阴郁地望着天空，渐渐地一句话都没有了。年轻的后生们则纷纷赤脚趟进水中，望着雨雾弥漫的天空，木呆呆不知所以。两名将尉与县卒们也没辙了，每日只唉声叹气地阴沉着脸。两将尉随带的酒囊早空了，只好每日摇晃着空空的酒囊骂天骂地。谁都不敢说破的一个事实是，一个月的路程已经耽搁了十日，便是天气立即放晴上路，只怕插翅也飞不到渔阳了！若到不了渔阳，八月初无论走到哪里，都会被全部就地斩首！

陈胜的脸越来越黑了。这一日，陈胜将吴广拉到了乡亭外一座空旷的不知祭祀何人的祠堂。幽暗的祠堂中，陈胜良久没说话，吴广也良久没说话。最后，还是陈胜开口了："吴广兄弟，你我终是要死了！"吴广闷闷地答了一句："大哥是屯长，没个主张？"陈胜嘶声道："俺不说，说了也白说。"吴广道："你不说，咋知道白说？"陈胜气狠狠道："狗日的老天！分明教人死！逃亡是死，到渔阳也是死！左右非死不可，只有等死！"吴广目光一闪道："若不想等死，咋办？"陈胜一拳砸上了空荡荡的香案："死便死！怕他啥来！等死不如撞死！弄件大事出来！"

"大事，甚大事？"

"死国！"

"死国……为国去死？"

"反了，立国！死于立国大计，强于伸头等死！"

"大哥真是敢想，赤手空拳便想立国。"吴广丝毫没有惊讶。

"王侯将相，宁有种乎！"

"倒也是。"吴广思谋道，"反得有个由头，否则谁跟你反？"

"天下苦秦久矣！"陈胜显然有所思谋，望着屋外茫茫雨幕，话语罕见的利落，"人心苦秦，想反者绝非你我。俺听说二世胡亥本来便不该做皇帝，他是次子！该做皇帝的，是公子扶苏！扶苏与蒙公守边，大驱匈奴，又主张宽政，大有人望。二世杀扶苏，百姓很少有人知道，许多人还以为扶苏依然在世。俺等就以拥扶苏称帝为名，反了它！"

"拥立扶苏，好！只是……我等目下身处楚地，似得有个楚人旗号。"

"这个俺也想了！"陈胜奋然搓着双手，"楚国便是项燕！项燕是楚国名将，曾大胜秦军。楚人多念项燕，有说项燕死了，有说项燕跑了。俺等便打他旗号！”

“好！这两面大旗好！”吴广奋然拍掌，又谨慎低声道，“不过，一定要细。教这九百多人齐心反国，要一步步来”。

“那是！你我得仔细盘算！”

雨幕潇潇，两人直到天黑方回到乡亭。

——孙皓晖《大秦帝国》

（4）架空历史。

一个偏远山村的不远处，一道蓝光闪过，但一瞬间又莫名其妙地消失了，留下的是一个看起来衣着破烂的人，他抖动着发白的嘴唇，说：“这，这是……是哪儿？”说完从地上爬起来，晃晃悠悠地向前走去，还说着：“张胜……去那边……那里可以……活，活命！”可能是没留神吧，脚下踩着了一块石头，然后“哎哟”一声，倒在地上，眼前一黑，就什么也不知道了……

当他醒来之后，发现自己躺在床上，周围的景象对他来说，完全是陌生的！他模模糊糊地看见一个年轻男子坐在自己身边。

……那个男人听了哈哈大笑，说：“在下不才，我姓陈名胜，只是一个雇工而已，不敢当不敢当！”……这天晚上，陈胜与张胜草草地吃过晚饭，就躺在床上进入了梦乡。但是，张胜却躺在床上翻来覆去始终睡不着觉，他突然想起什么似的，立刻翻下床，从衣袖中拿出了一本书，可以清晰地看见上面有几个显眼的大字：中华上下五千年。

他翻开了这本拿起来很沉重的书，熟悉地翻到488页。不错，这一页的标题是“陈胜吴广的起义”。他又突然像着了魔似的，嘴里反复地说着两个字：陈胜！

……

大泽乡。

晚上，陈胜当着所有戍卒的面，说道：“各位，这儿离渔阳还有上千里路程，怎么也不能如期抵达渔阳了。我们现在的处境，去也是死，逃亡被抓回来也是死，与其因违反军法而死，还不如选择为国家而死，干一番大事业？”陈胜接着又对时局进行了分析：“天下人已经苦于秦朝统治很久了，老百姓对秦王朝的苛捐赋税、募役刑罚已经到了难以忍受的程度。我听说二世皇帝胡亥是秦始皇的小儿子，本不应继位，该继位的是长子扶苏。扶苏贤能，却被二世无故杀害了。还有一位名人叫项燕，曾是楚国名将，战功卓著，又爱护士兵，很受人爱戴。现在老百姓并不知这两个人是生是死，我们何不以他们的名义号召天下人起来反抗秦朝的暴政呢？”两个将尉听完陈胜的话，拔出剑来：“陈胜！你私自密谋造反！按大秦的法律，我现在就可以杀了你！”然后举起剑，向陈胜刺去。陈胜闪过剑也拔出了自己的剑，向将尉一刺，刺死了将尉。吴广也拔出剑来：“兄弟们！去也是死，不去也是死！不如反了！”然后砍断绑在戍卒们身上的绳子。陈胜杀死了另外一个将尉，然后对戍卒们说：“我们今日遇到了雨水，没有按期到达目的地，如果去的话就会被斩首！藉第令毋斩，而戍死者固十六七。且壮士不死即已，死即举大名耳，王侯将相宁有种乎！各位兄弟！随我陈胜反了！”接下来是一阵震耳欲聋的吼声：“反了！”“好！我们是以项燕将军、扶苏公子的名号起义的，我自封为‘将军’！吴广为‘都尉’，张胜为‘军师’，勾四为‘备用兵统领’，周文为‘先锋’！前军为260人！中军440人！后军100人！备用军100人！兄弟们！今天睡个好觉，明日我们攻打蕲县附近的乡镇！”“好！”站在一边的张胜看着陈胜，笑了一下。

——瑞R神《穿越一切》①

通过上面的案例，我们开始思考：

这些历史故事叙事都是以《史记·陈涉世家》为蓝本进行重构改写的，但首先在字数上，《史记·陈涉世家》大概300个字，《秦并天下》大概600个字，《大秦帝国》较完整的叙述大概6 000个字，而《穿越一切》的文字多达10 000多，请思考一下，为什么字数上的差异会如此大？另外，它们在文字的使用上有何区别？在风格上有何差异？然后总结每种类型的特征是什么？

当我们对几种不同的历史重构方式有所了解后，就可以进行不同类型的写作实验了。下面根据《史记·刺客列传》中“易水送荆轲”的片段，进行通俗讲史、历史小说和架空历史的重构改写：

太子及宾客知其事者，皆白衣冠以送之。至易水之上，既祖，取道。高渐离击筑，荆轲和而歌，为变徵之声，士皆垂泪涕泣。又前而为歌曰：“风萧萧兮易水寒，壮士一去兮不复还！”复为羽声慷慨，士皆瞋目，发尽上指冠。于是荆轲就车而去，终已不顾。

① 17K小说网. http：//www.17k.com/book/476975.html.

作业案例：

（1）通俗讲史。

我们来看为荆轲送别的情景，当时太子丹还有宾客都着白衣冠，为什么是白衣冠？因为它是丧吊时穿的冠服，可见当时场面是很沉重的。我曾见过一幅照片，是“二战”中小孩追逐着正在开往前线的父亲，因为一去就是凶多吉少，心情一定是悲戚哀恸的。到了易水，易水大概在今河北易县，也是因为荆轲的《易水歌》实在太有名了，所以差不多变成了“荆轲”的同义词。讲到“既祖”则不得不讲讲中国古人的礼仪，“既祖”即指为出行者祭祀路神和设宴送行。这些仪式进行完之后，荆轲的朋友高渐离开始击筑，筑是古代的乐器，形似琴，有十三根弦。为什么叫击筑，是因为此琴需用竹尺击弦发声。在1993年，考古学家在湖南长沙国王后渔阳墓中发现了实物，我们才得以在今日见到“筑”这种乐器。荆轲伴随着音乐，唱了一首流传千古的作品，也就是《易水歌》。歌词不多，就是“风萧萧兮易水寒，壮士一去兮不复还”。歌词比兴，先说当时肃杀浓烈的情境，冷风吹拂，河水寒冷，萧瑟凄凉，再对应着壮士舍生取义的信心，的确让人动容，其实这个词也有个从抑到扬的转换，离别亲人朋友固然悲伤，但永远沉浸其中也不行，毕竟还有更为重要的任务，所以后半句是表决心。当时没有摄影机，如果有，我们的感受就会更多元化一些，因为我们看文字，只能看到词，它其实是配合着曲调进行的，但文章给我们提供了线索，说先是变徵之声，后为慷慨羽声，不知道大家对中国古代的音阶和调式的了解如何，大致说来，变徵调值比较低，羽声调值较高，所以我们可以直观地感受到此歌从比较悲戚转为慷慨，大概是从《松花江上》转为《义勇军进行曲》，所以情绪有所转折。这时候情绪到了最高潮，所以送的人怒目圆瞪，头发都竖起来了，而主人公荆轲快步登车，头也不回地走了。

点评：作业基本上是围绕着《史记·刺客列传》的原文内容转写而成，并没有做过多的想象与虚构，与史实结合较紧，同时对文中出现的关键词句做了解释与说明，一些地方又加入了与现代的对比，融入了现代人的感情，使之更容易理解，语言文字也比较流畅，总体符合通俗讲史的要求。

（2）历史小说。

马车突然慢了下来，随后马嘶叫了一声停了下来，荆轲从车里探出头，他发现太子丹和宾客们站在河边。

荆轲下车抱拳，发现众人脸上都有些悲戚。

“荆兄，我们来给你壮行啦”，太子丹道。

荆轲并未说话，默默跟随大家完成了路祭的仪式。

这时候，人群里突然响起了筑声，悲哀的声音，但弹得极好，天下还有谁能弹这么好的筑呢。“是你吧，渐离”，荆轲心想，“你也来啦”。

人群里闪出一条路，高渐离出现在人群的中间。

荆轲知道成大事者不能被牵绊，于是他大声唱了起来：

“风萧萧兮易水寒。”

一字一顿，众人都抹起泪来。

“壮士一去兮不复还！”

人们又跟随着歌声想起山河破碎、家园沦陷的惨状，恨得拳头紧握，怒发冲冠。

而在人们都还沉浸在自己的情绪里的时候，荆轲已经头也不回地上车远走了，向着目的地秦国和未知的命运出发了。

点评：作业通过易水送别的场景设置，基本满足历史小说的诸多要素，包括人物塑造、对话描写等，但环境描述不多，有一些缺省的信息（比如“白衣冠”），心理描写不算充分，但总体还不错。

（3）架空历史。

我坐在车里一直没有下车，坐在马车上看着眼前发生的这一切。不是我冷血，我知道这是一条不归路，但我还没那么想死。

车窗外，荆轲和太子丹在告别，在易水上祭祀。不一会又传来了筑声，荆轲也高歌了起来。“风萧萧兮易水寒，壮士一去兮不复还”，歌曲令我有点动容，但我不能让自己沉浸在这种情绪里，我要活下去。

我被太子丹强行安排做荆轲的助手，其实我并不想，我要暗中破坏这个计划。到了秦国，我要偷偷联系蒙嘉，我要在匕首上动手脚，我要活下去……

我还在想着，荆轲已经上车了。

点评：重构故事的想法很不错，叙述者是荆轲刺秦的另一个关键人物秦舞阳，角度独特，限于篇幅没有充分扩展，未能自圆其说，仅通过心理描写展示了一些信息，但限于第一人称视角，场景描写基本没有，丧失了这段故事最精华的部分。

（二）历史人物小传

结合史料，为人物写一篇小传。首先，我们可以《大秦帝国》的秦宣太后小传作为例子：

《大秦帝国》秦宣太后人物小传

芈，楚之大姓。八子，乃其入秦后，嬴驷按嫔妃等级赐她的称谓。八子入秦前，芈姓在与楚国豪族斗争中败落，八子流落山野，故嫁秦前不知其名。

在楚国，八子初见张仪，野性狂放，热情率直。其美丽动人给张仪留下深刻印象。故，张仪入秦第一件事便是说动嬴驷婚盟楚国。这之前，张仪不知道的是，芈八子与义渠王之子骇有过一场热烈的爱情，并产下一子。

芈八子初入秦宫，正值嬴驷被魏纾刺后的感情空白期。热情似火的芈八子很快引起了嬴驷的注意，两人两情相悦。

芈八子入宫多年，仍然对政治一无所知。她是一个重情而率性的人。虽然，她越来越深地爱上了嬴驷，但对义渠骇长达数十年的纠缠，并没有果断了结。并且，她自以为坦荡的作风，给秦国国家利益带来冲击，致使嬴驷忍痛令她随儿子嬴稷质燕。

质燕期间，促使芈八子潜思。她在观察列国政局变化中，一面教化儿子嬴稷，一面受到心智磨炼，成长为中国历史上著名的女性政治家。

秦武王崩后，芈八子携儿子嬴稷神奇般地从燕返回咸阳。嬴稷继位后，芈八子成了战国史上名噪一时的秦宣太后。

宣太后的后半生，为辅佐儿子嬴稷费尽心力。嬴稷初执政，对治国不甚了了。芈八子既要拨正儿子急躁偏颇的行为，又不能伤儿子作为秦王的颜面，这使宣太后晚年的政治心机变得愈发深不可测，并使宣太后爱子之心和爱秦国之心感人肺腑。

芈八子当年入秦时，有芈姓三千人随之入秦，其中有不少是芈八子的近亲族人（如魏冉为芈八子之族弟）。嬴稷初政，魏冉等屡立功勋并渐渐坐大。然而，后来魏冉骄奢贪欲一发不可收。芈八子在嬴驷与芈姓族亲的斗争中，为了儿子和秦国，最终割舍族亲，使儿子能在她离世前罢免芈姓高官，放手治理秦国，谱写了一曲深沉而博大的母爱之歌。

宣太后几番均未因儿子治国不宜行为而废子垂帘听政，为子为国而不为一己之权欲，这是宣太后特别可贵之处。①

---

① 《大秦 2》人物小传之芈八子——秦宣太后［EB/OL］. http：//ent. qq. com/a/20110321/000453. htm.

然后提供有关李白史料，为李白写一篇人物小传。

作业案例：

李白小传

李白，唐代人，中国顶级的诗人，一流的侠客，二流的行者，三流的隐士，末流的政客。少年任侠，青年隐逸，中年游历，一生求仕而不得，所以没有浪费千年一遇的诗歌天赋。生在国外，长在四川，二十五岁辞亲远游，为求得功名结交名流，名声日隆，终于在长安被赏识，但身上豪气终不脱，招致权贵嫉恨，悲愤离帝都，还好李白性格豪爽真诚，朋友众多，杜甫、贺知章、李邕、魏颢都在李白人生的不同阶段充当重要角色。从关中出来，李白足迹遍布大江上下，但始终郁郁不得志，尤其在安史之乱后，颠沛流离，虽然又经历入狱、流放，但对这个已经开始衰败的国家依然充满感情，最终在62岁时，病逝于当涂。

点评：这段关于李白的小传中基本能够包含形象与个性、故事背景、人物弧线、冲突、世界观、目标与动机、决定/行动/行为等人物变量，尤其是对李白个性与世界观的总结，可以作为扩写的参照和基础，这就规定了人物的行动逻辑，在情节编织时要围绕这个展开。

（三）扩展情节与丰富细节

我们用以进行故事重构的史料往往比较简略，而历史的故事化过程则需不断增加情节和补充细节。要求拓展部分不能犯常识性史实错误，也不能违背人物小传规定的人物基本行动逻辑，通过补充相关信息或者合理想象来丰富书写内容。比如“张之洞”的案例：

原文：

张之洞……躯干短小，不类北人。广颡伟鼻，目三棱有光，修髯及腹。行坐揖让，仪观秩然。

——陈衍《张相国传》

改写：

在常人的眼中，张之洞的长相算不上一个英俊的男子汉。他是自古多豪杰的燕赵人的后裔，却没有燕赵豪杰高大雄壮的身躯。他的个头甚至不及中人，肩窄腰细，手无缚鸡之力。他的脸形与五官长得也不好。脸是长长的，下巴尖尖的。眉毛粗短，两只眼睛略呈长形，鼻子却又大得出奇，粗看起来，犹如泰山镇鲁似地压在长眼与阔嘴之间。只有与他朝夕相处的夫人，才真正知道其貌不扬的丈夫的魅力所在。她知道丈夫矮小身躯里滚动的是真正燕赵豪杰的血液，不起眼的眉宇之间，蕴藏了许多人所不及的学问见识。

——唐浩明《张之洞》

然后再根据《史记·滑稽列传》中关于淳于髡游说齐威王的故事，在此基础上进行扩写。

淳于髡者，齐之赘婿也。长不满七尺，滑稽多辩，数使诸侯，未尝屈辱。齐威王之时，喜隐，好为淫乐长夜之饮，沈湎不治，委政卿大夫。百官荒乱，诸侯并侵，国且危亡，在于旦暮，左右莫敢谏。淳于髡说之以隐曰："国中有大鸟，止王之庭，三年不蜚又不鸣，王知此鸟何也?"王曰："此鸟不蜚则已，一蜚冲天；不鸣则已，一鸣惊人。"

作业案例：

"退朝了吧。"齐威王道。

"臣有话要说。"

齐威王朝下瞥了一眼："谁?"

"臣淳于髡。"

因为太矮，他被淹没在群臣中。

"原来是我们的上门女婿。"齐威王道。

群臣一起哄笑。淳于髡自己也笑了，都笑得不好意思了，自己挠了挠头。

"有什么就快说。"齐威王有些不耐烦了。

"臣也没有什么事。"

"没事你说什么?"

"臣打算说一个故事。"

齐威王皱了皱眉，更不耐烦了，后宫的爱妃还在等着呢。但又不好直接发作，勉强道："那你快说。"

"臣才来齐国的时候，听过一个故事，说咱们都城有一只像凤凰一样的大鸟，十分华美漂亮，当时人都说这是瑞兆，是齐国的象征……”

“这小子说这些干吗?”齐威王心想。

“但这只鸟很特别，它落到大王的庭院里……”

“我怎么不知道，哈哈哈。”齐威王插话道。

“大王可能没注意吧，因为这只鸟不像臣一样聒噪，它默默待着，不鸣也不叫，人们都说他是神鸟，可臣怎么看不出它的神奇来呢?”

齐威王是个聪明人，刚即位三年耽于享乐的他，一听就知道淳于髡在说什么了。“这小子是想劝诫我呢?”齐威王心想，“别以为就你聪明，你等着瞧”。

齐威王也不着急走了，在椅子上换了个姿势，捋了捋胡须说：“那是爱卿少见多怪了，我看这只大鸟不飞就算了，一飞冲天；不叫就算了，叫起来，怕让你们震惊。”

然后盯着淳于髡笑，淳于髡也对着齐威王笑，从微笑到大笑，然后两个人都笑得直不起腰。群臣被他们弄得丈二和尚摸不着头脑，面面相觑。

“爱卿还有话说吗?”齐威王止住笑说道。

“没有了。”

“那就退朝吧。”

走的时候齐威王看了淳于髡一眼，又笑了笑，给群臣留下了一个莫名其妙的背影。

“这个淳于髡，有意思，你就瞧好吧。”齐威王边走边想。

点评：作业将原文扩写成了一个以对话为主体的小故事，很巧妙地把基本的信息渗透在对话里，生动有趣，但对齐威王听完故事后的心理活动着墨不多，没有交代清楚齐威王情绪转变的原因，收尾也有些仓促。

本章小结

在“历史故事重构”的写作练习中，我们要充分发挥对史料的加工能力，尤其是对时间线的梳理和对人物性格以及人物关系的勾画。另外，要充分理解并掌握不同类型的历史叙事，从对史料要求较高的通俗讲史到对史料要求较低的历史小说，甚至架空历史背景的虚构叙事，都要有所涉猎，并且知道它们之间的区别与写法上的不同。

通过本章的练习，希望写作者们可以获得以下能力：

(1) 搜集史料的能力。通过主要的检索方式，较充分掌握叙事对象的相关历史材料，在重构叙事中不会犯重大的史实性错误。

（2）加工整理和改造史料的能力。史料可能描述较简略，甚至还有矛盾的地方，要求我们能够有所取舍，划分主次，找到线索，建立逻辑，编制情节，扩展细节。

（3）针对不同历史叙事类型，灵活掌握不同重构方式的能力。掌握通俗讲史、历史小说和架空历史小说的写法。

（4）根据其他相关信息和合理想象、拓展内容的能力。但是书写过程中不能违背基本史实和人物性格决定的基本行动逻辑。

除此之外，写作者可以发挥充分的能动性和创造性，大胆去写。

练习题

搜集黄道婆的相关史料，用通俗讲史、历史小说、架空历史三种不同的手法各写一篇关于黄道婆的故事。

第六章　泛神话写作

一、教学要点

泛神话写作是兼具虚构性与创造性的文学写作类型。从概念上说，神话是远古时代的人们对自然的天真幻想，而与神话人物及故事有关衍生的创作则为泛神话写作。

泛神话写作练习需要运用万物有灵与图腾主义的观念。①借助万物有灵观点把人之外的自然事物拟人化，借助图腾主义将动植物等符号化，这是泛神话创作的核心要点。

神话故事与泛神话故事的共同点是，它们都基于人对外在超现实的幻想与联想，超越由己及人的推想。神话故事需要的想象主要是虚幻的想象。

泛神话写作故事的虚构性，要求写作者使用叙述性语句，对于神话人物与活动环境则需要描写手法。当然，泛神话写作是文学创作，它需要更多的是“不自觉”的想象。

通过泛神话写作练习，写作者将掌握神话写作的一般技巧与思维模式。练习过程中写作的神话故事，经过补充完善，可以形成内容比较丰富的神话创作。

阅读原创神话与体悟万物有灵及图腾主义的观念，将有助于在技术层面提升写作者的独特想象与创意创作的文学能力。

二、创意原理

（一）神话的发生

潜明兹在《中国神话学》的序中说，中国有56个民族的神话，这些神话故事代表了中国神话的基本面貌。“神秘的天体，即使科学发达的今天，人们也未完全认识。天体的神秘莫测，既是永恒的谜，又具有无限的诱惑力”，

---

① 袁珂．中国神话传说：从盘古到秦始皇［M］．北京：世界图书出版公司，2012：6－7.

“例如太阳、月亮、星星的关系，原人是不理解的”，将“天体人格化、世俗化，进而发明了一种控制人间的理论，人的吉凶祸福决定于天的意志”，于是就有了“用人间的关系理解天体关系的神话”，即“天体神话”。“天体神话正是人类向太空发出的控制信号，尽管难免有敬畏和崇拜的感情，但是是原始先民最具理想的杰出创造。”① 其实，天体、山川、植物、动物等，往往多是神话故事关注的对象，在赋予这些对象以生命行为的方式上，原始的巫术发挥了一定作用。巫术是“原人借助超自然的力量以影响并控制客观世界的信仰与崇拜的总和”②，正如费尔巴哈所言“在巫术中，人的单纯意志就是支配自然的上帝”③。神话创作中故事的发展或驱动，可以借助实施巫术以推进情节开展，而各种各样的巫术或法术在神话以及民间故事中往往是常见的故事模式。可以说，神话故事情节的发生，其叙述节奏的开展距离巫术仅一步之遥。

泛神话故事的写作不必拘泥于原始状态的背景，写作者只需按照神话的万物有灵思维与图腾主义，选择一个背景，把要叙述的故事按照一个神话故事的路数安排好，剩下的就交给叙事完成。神话故事的路数，可以参照“万物有灵（某种图腾）＋巫术（法术）＋人之外的角色（山川、天体、动物、植物等）”来安排，但是，核心的故事需要写作者自己进行创新性想象与情节创造。

在泛神话故事的建构中，要充分利用已知神话原型及有关知识的有意想象。实现从已有知识到即将进行的属于未知的创作，需要创新性的想象，而创新性想象的出现则依赖于触类旁通的联想。从现实出发去联想，“文学家马塞尔·普鲁斯特则整天躺在床上，在他大脑的记忆库中‘翻箱倒柜’，艺术家保罗·塞尚则连续几个小时盯着一个苹果”④。神话的想象也需要在你的记忆库里“翻箱倒柜”，寻找可以触发的“苹果”，如神话的人物、图腾、场景等，由此展开想象与联想。当然，也可以从一道独特的美味生发出远古“神菜”，由一道闪电想象到古人的生存状态，或者从一个怪异的梦境想到古人的精神生活，浮现出占卜吉凶、恐惧或欢喜、引发的日常行为及可识别的古老脸孔……

可以说，想象是文学创作生发的独门秘技。

---

① 陶阳，钟秀．中国神话［M］．北京：商务印书馆，2010：2－3.

② 陶阳，钟秀．中国神话［M］．北京：商务印书馆，2010：4.

③ 费尔巴哈．宗教的本质［M］．王太庆，译．北京：人民出版社，1953：35－36.

④ 乔纳·莱勒．普鲁斯特是个神经学家：艺术与科学的交融［M］．庄云路，译．杭州：浙江人民出版社，2014：3.

（二）写作的自我表达

思想的表达交流不仅是个体社会化的需求，也是信息交换的必然结果。但是，作为文学写作者的表达，则属于较高层级“立言”的创造性表达，而泛神话的文学样式则为这种创造性表达提供了一个相对新奇的创意方式。

在文学空间中，“春花秋月、江枫渔火、登高啸吟、对酒当歌”固然是表达；“一沙一叶万千世界、三生三世十里桃花”，也未尝不可谓之妙笔生花。当写作者目睹星空万里、遐想古往今来之时，心中有所思考，欲笔下畅叙行文，创意的表达则可成为一种能够与时代接轨的最佳选择。

进行泛神话写作之前，需要写作者明白的问题是：自己想叙述的是什么样的神话，故事如何在泛神话的情节中进行创意性的表达，写这个神话故事的意义或目的是什么。这中间就是要明白作为作者的“我”的创作动机与行为，是通过神话故事表达“我”发现“我”，抑或是体现“我”及认知“我”在泛神话创作中的独特个性，因为文学创作毕竟是一种相对“自我”的个体活动。

踏上自我发现之旅，往往是创意写作的最初目标。这个目标即使在很久以后的创作中被忽视或远离了，也会被意识时时提醒，不忘初心。

（三）神话的基因储存

每个创意写作的学习者都有童年、少年、青年时期的人生阅历或各自的写作体验，都会从个体的现实与阅读经验中获取可能隐藏在文化与文学中的神话基因。探寻发现并利用这些神话基因，创作新的泛神话故事，成了一个需要付出辛苦努力去完成的探索历程，不过，这或许是一次充满新奇与趣味的智慧之旅。

泛神话不会拒绝民间故事的传说，也愿意吸纳来自童话的经验。无论是《白蛇传》《七仙女》，还是《白雪公主》《美人鱼》等，只要是阅读过的带有幻想的超现实故事，都可以成为泛神话创作的借鉴。更多的时候，我们会想起《山海经》，想起一个个中外神话，这些都可以成为泛神话故事的模仿榜样或模拟原型。

一般认为，写作是一种独立的、完全的、创造性的脑力劳动过程。“写作活动本质上就是一种精神生产行为，是典型的知识、信息的生产，是精神的生产。”[①] 创意写作尤其如此，它往往由个体的创造精神引发生产出新的“精神产品”，泛神话创作的这种“精神生产”，需要个体探寻与调动自身存储的来自传统的外部施与的精神基因。如此，使这个泛神话故事能够找到传统文化精神的归宿路径，以便成功嫁接到文化的基因母体。

每个写作者都可以沿着这样的路径探寻自身的神话基因：一是国家民族的创世故事，如盘古开天辟地，女娲抟土造人；二是先民传说中的神祇英雄，如黄帝、后羿等；三是自然山川中的传说，如夸父逐日、精卫填海等。当然，更加丰富多彩的本民族民间故事与其他民族的故事，异域文学中的神话故事等，都可以在泛神话创作中成为自身的营养。可以确认的一点是写作时，所有被探寻到的存储基因都责无旁贷地穿越了写作者的思绪，经过写作者自身的心灵沉淀与想象发展，在最后一道工序——意义、文字加工后，流淌出的才是泛神话故事。

（四）叙述的路标指向

很多写作者都有这样的经历：当有了一种思想或想法要用文字表达时，往往感觉无从下笔。这是因为写作者心中缺乏一个叙述的路标，没有建构自我的写作原型。薇拉·凯瑟说：“人类其实只有那么两三个故事，它们不断地重复，就好像它们从来未被重复过一样。”“所有的叙事——不论是否出于自觉——都遵循着古代神话的模式，而且所有的故事，从最粗陋的笑话到最阳春白雪的文学，都可以用‘英雄之旅’的视角来解读。”这样的重复，荣格用原型理论来概括，原型是“在所有人的梦和所有文化的神话中不断重复着的角色或能量”，它源自“人类较深层的集体无意识”。[②] 这些观点印证了写作路径或套路的存在。不可否认，写作理论往往就是对这些套路的总结与归纳。因此，为泛神话故事叙述找一个路标并不显得那么难为情。

在《作家之旅》中，作者为故事叙述的路径划分了12个阶段：①正常世界（由正常进入陌生的非常世界）；②冒险召唤（面对问题、挑战）；③拒斥召唤（恐惧、犹豫）；④见导师（智慧长者出现）；⑤越过第一道边界（投入冒险）；⑥考验、伙伴、敌人（新的挑战、考验）；⑦接近最深的洞穴（险境的边缘）；⑧磨难（面对危局）；⑨报酬（掌握宝剑）；⑩返回的路；⑪复活；

---

① 马正平．高等写作学引论［M］．北京：中国人民大学出版社，2002：53－55.

② 沃格勒．作家之旅：源自神话的写作要义［M］．王翀，译．北京：电子工业出版社，2014：3－4.

⑫携万能药回归（返回正常世界）。[①] 这个具有模式化的“英雄之旅”路径及发展层进路标，为故事的发展指明了方向。当然，泛神话叙述的路径并非一定照搬这个路数，但是，按照“神话环境 + 人物活动 + 巫术或法术 + 人之外的角色（万物有灵或某种图腾的山川、天体、动物、植物等）”进行设置，然后参照故事常有的开端、发展、高潮、结局，不难为叙述设置一个路标指向。

正如“年轻的英雄、智慧的长者、变形者和阴险的反派——这些全世界的神话里反复出现的角色，和我们的梦与幻想中出现的人物毫无二致。这就是为什么神话，还有大多数以神话为模板而建构的故事，都具有心理上的真实感”[②] 所言，一旦写作的泛神话故事具有了“真实感”，那么，按照这样的路标进行的创作就会得到认可。

此外，结构主义先驱、苏联普罗普《民间故事形态学》中提出了“叙事功能”，认为“在分析故事的叙事功能时，我们的着眼点既不能放在人物的性格特征上，也不能放在人物孤立的行动和行动方式上，而应当放在人物的某一行动与故事行动的关系上，放在它对于故事行动所产生的意义和作用上。这种关系并不是分析者强加给故事，而是故事的结构内部所固有的”。“角色的功能才是故事构成的不变的，或者说是基本的要素。”[③] 这就强调了人物的行动对故事发展的关键作用，提醒我们：让神话人物去推动故事。

如此，当我们具备了故事，明白了神话叙述可用的套路，为故事的发展找到了一个路标指向后，下一步的任务便是进行写作了。

三、写作设计

泛神话的写作教学任务中，学习者的视野应该从两个方面进行拓展，一方面是世界范围的神话，包括各个国家的神话故事；另一方面是某个国家内区域性、民族性的神话。如此选择既能发现普遍性的神话“英雄之旅”被普遍接受，又能发挥写作者的特色个性。我们可以选择原始神话、泛神话的民间故事与传说、新创神话等方式进行泛神话写作的学习。

（一）原始神话的再创作

以《山海经》为例，原始神话故事往往语言简约，情节粗陋，有很多可

---

① 沃格勒．作家之旅：源自神话的写作要义［M］．王翀，译．北京：电子工业出版社，2014：8－15.

② 沃格勒．作家之旅：源自神话的写作要义［M］．王翀，译．北京：电子工业出版社，2014：4.

③ 罗钢．叙事学导论［M］．昆明：云南人民出版社，1994：26－27.

以继续再创作的叙述空间。所以，本练习将以“神话的再创作”为题，通过案例分析与引导，使学习者能够潜入神话的“盗梦空间”，在神话的梦境空间，创造出自我的神话“再创作”。

围绕“原始神话的再创作”，我们要考虑的是如何进入创意写作的情境之中，这需要寻找特定的入口。我们可以加入“导语”，例如：

《三生三世十里桃花》据说是根据同名网络文学改编。作为一部标准的IP剧，《三生三世十里桃花》叙述的是男女主人公克服重重险阻终于在一起的故事。创新之处是增加了相遇的难度，即转世投胎了三次，每一轮回的爱情故事都非常曲折。剧中人物设置分成了妖族（翼族）、神族、狐族三方势力，温和的妖族时时向另外两方挑战，构成了主要冲突。

进入创作情境之后，你可以保持“半睡半醒的状态”，如置身盗梦空间，既在泛神话的“故事”中行走，又在当下写作的“想象”中挥笔疾书或快速敲击键盘。此时，你完全可以置身于自己创作的“故事”，顺其自然地写下去，“不在意他人的想法”（包括不在意老师如何评价），更不要自己去“审查”是否写偏了、跑题了、句子有错误等，以确保你可以“一只鸟接着一只鸟”[①] 那样写下去。创设的写作特定情境就如即兴表演的“预热”，而进行写作犹如进入了即兴表演的舞台，此时最重要的就是“把头脑中最初显现的事情讲出来，即便它看上去很可笑或很愚蠢。因为正是内心里告诉你‘不要’做什么的那个声音，会扼杀你的即兴表演”[②]。所以，写作泛神话时，我们就“顺从”自己的“想法”或“想象”。

现在，就请大家按照“神话环境 + 人物活动 + 巫术或法术 + 人之外的角色（万物有灵或某种图腾的山川、天体、动物、植物等）”的套路，尝试对神话故事进行改编，给自己的“想象”一次顺其自然的机会，试着创作一篇属于自己的神话。

当然，在动笔之前，也可以阅读类似的再创作，以获得启发：

发鸠之山，其上多柘木。有鸟焉，其状如乌，文首、白喙、赤足，名曰精卫。其鸣自诶。是炎帝之少女，名曰女娃。女娃游于东海，溺而不返，故为精

---

① 安·拉莫特. 关于写作：一只鸟接着一只鸟［M］. 朱耘，译. 北京：商务印书馆，2013.

② 乔纳·莱勒. 想象：创造力的艺术与科学［M］. 简学，邓雷群，译. 杭州：浙江人民出版社，2014：98－99.

卫，常衔西山之木石，以堙于东海。(《山海经·北山经》之《精卫填海》原文)

《精卫填海》的再创作有不少，如断壁残垣的小说《山海经之精卫填海》，胡晓辉编剧的电视剧本《精卫填海》等。在此，我们看一下普通版的故事改编：

夏朝以前，国家还没有形成，那时候的帝王，远不如后来的帝王那么阔气，享有许多特权，而是纯粹的人民公仆，只有尽义务的份儿。帝王的子女也没有什么太子、公主之类的特殊称呼，身份也尊贵不起来，和平民子女一样。

炎帝有个女儿，名叫精卫，性格开朗活泼，喜欢打抱不平。一天，她走出小村，找小朋友玩耍，看到一个大孩子把小孩子当马骑。小孩都累趴下了，大孩子还不肯罢休。

精卫走过去，指着大孩子的脑门怒斥道："你这个人太不知羞耻，欺负小孩子算什么本事，有力气，去打虎打熊，人们会说你是英雄。"

大孩子见精卫是个小姑娘，生得单薄文弱，根本不把她放在眼里。他从小孩背上跳下来，走到精卫的面前说："我是海龙王的儿子，你是什么人？竟敢来管我！"

精卫说："龙王的儿子有什么了不起，我还是炎帝的女儿呢，以后你少到陆地上撒野，小心我把你挂到树上晒干。"

龙王的儿子说："我先让你知道知道我的厉害，往后少管小爷的闲事。"说着动手就打。精卫从小跟着父亲上山打猎，手脚十分灵活，力气也不小，见对方蛮横无礼，并不示弱，闪身躲开对方的拳头，飞起一腿，将龙王的儿子踢个嘴啃泥。

龙王的儿子站起来，不肯服输，挥拳又打，被精卫当胸一拳，打个仰面朝天。

龙王的儿子见打不过精卫，只好灰溜溜地返回大海。

过些天，精卫到海中游泳，正玩得十分开心，刚巧让龙王的儿子发现了。他游过来，对精卫说："那天在陆地上让你捡了便宜，今天你跑到我家门前，赶快认个错，不然我兴风作浪淹死你。"

精卫倔强地说："我没错，认什么错。"

龙王的儿子见精卫倔强，根本没有服输的意思，立即搅动海水，掀起狂风恶浪，精卫来不及挣扎，就被淹死了。

精卫死后，变成一只红爪白嘴的小鸟，立志要把大海填平。她用嘴衔来石头与树枝投向大海，并发出“精卫，精卫”的叫声，像是在激励自己。她年年月月，永不停歇。

再创作不能离原作太远。原始神话的古朴在再创作中一般会得到尊重，但是，往往会变得更加繁复，尤其是故事情节，是允许合理拓展的。现在，我们可以探讨一下：原始神话的再创作在保护原作基本叙事的基础上，还可以进行哪些创新？

不难发现，“所有人都喜欢根据英雄之旅的模型打造出来的故事，因为它们都是在共同的无意识里面，从普世的根源上生长的，反映了普世的关怀”[①]。这种“普世的关怀”不难理解，它的意思是说，让神话故事秉持以人为本的特性，尊重人性，应该是神话再创作的根本点。

其实，“普世的根源”也可以转换成想象的基点，如在神话故事名称上进行想象，以引发新故事。这可以从名作那里得到借鉴：《追忆似水年华》的书名曾有多个选项，如“过去的钟乳石”“铜锈中的感怀”“怀思往昔时日”“重回往昔时日”，最后，译者取了一个更直白的书名 *In Search of Lost Time* 即“追忆似水年华”，并一炮而红。[②]“时日”就是命名的基点。泛神话故事创作，假如我们依据《山海经》中的《精卫填海》，《淮南子》中的《女娲补天》故事进行再创作时，也可以在名称基点上激发想象，如《精卫填海》可以转化为《精卫怒怼东海》《跟东海过不去的小鸟》等，从人物关系角度进行想象，故事原因、人物神态、情节发展就会有可靠的想象路径。《女娲补天》也可以尝试改名为“大地的女儿”“补天裂”，可以从女娲的胆识、卓异才能、献身精神等，抓住一点，展开想象。也可以再细小一点，就以女娲补天的那块石头为基点进行发散联想：什么样的五色石，形状什么样，重量多少，来自哪里，为什么被选中去补天，这石头是否如孙悟空金箍棒能伸缩大小，补天以后石头变成了什么（天上的星星、银河、天幕……），这石头是否会再次掉落……

这个过程就是想象，它是由外而内的一种“精神活动”，一种直觉的感受，它由外在的任何一点（比如精卫鸟的鸣叫、女娲的五色石）引起，触发

① 沃格勒．作家之旅：源自神话的写作要义［M］．王翀，译．北京：电子工业出版社，2014：4-5.

② 乔纳·莱勒．普鲁斯特是个神经学家：艺术与科学的交融［M］．庄云路，译．杭州：浙江人民出版社，2014：94.

“穿越时空，回归到最基本、最纯粹的心理世界中去”① 的想象之门，以至“思绪便渐渐舒展、弥漫开来”，如此进入了“状态”。简言之，（外物）“触发想象—神话世界—直觉感受”（现实）是一个可操作的写作套路或过程，它启发我们：泛神话写作可以由外物（如“五色石”）触动想象，写作者进入神话世界的想象，而想象中的神话世界的一切都是“我”或“作者”凭自己的或“我”的直觉感知这个世界中的所有“现实”——包括时空的存在、道具的样式、人物的相貌品格……这些都必须出自“我”的直觉感知。请看下面一段文字：

一日，天帝之子阿络受天帝委派，铲除四方作乱的妖蛇。在落笔峰下，阿络发现了那条黑蛇，大蛇身上那邪恶的花纹让他眼花缭乱。但他毫不犹豫地跳进阴森的蛇窟，里面的瘴气几乎令他窒息，他感受到大蛇如炬的眼放出的凶光。他跳跃到大蛇的身上，大蛇张口来咬，喷射的毒液像被火炙烤一样发烫……阿络与大蛇缠斗七天七夜之后，将其驱入北海之中。

神话的感知并不神秘，仍然需要在想象中加入人的“直觉”感知。

当然，想象不可能一帆风顺，遇到困难时，需要在大脑的“文件柜”里翻找，“如果运气好的话，答案很快就会出现，此时，大脑中将产生一阵电波。洞见真的来了”。② “洞见”如突至的灵感，是在写作过程中出现的。伍迪·艾伦有一句名言：“80%的成功来自出席。”③ 那么，现在就请各就各位，开始写吧。

写作前的准备：我们可以任意选取一个神话故事，运用创意思维和神话思维，对前面的套路进行增减，根据自己内心的想法去做，篇幅、主题、手法等暂不多考虑，即兴进行神话故事的再创作，作品的完成度也可随意。

作业案例：

A. 在太行山的西边有一座高高的大山，山名很奇怪，叫作发鸠山，据说

---

① 乔纳·莱勒．普鲁斯特是个神经学家：艺术与科学的交融［M］．庄云路，译．杭州：浙江人民出版社，2014：98.

② 乔纳·莱勒．想象：创造力的艺术与科学［M］．简学，邓雷群，译．杭州：浙江人民出版社，2014：17.

③ 乔纳·莱勒．想象：创造力的艺术与科学［M］．简学，邓雷群，译．杭州：浙江人民出版社，2014：221.

这里是神鸟的聚集地。发鸠山层峦叠嶂，山势蜿蜒连绵，深壑陡崖，峰峦隐现。山下是一望无际的原野，莽莽苍苍，野兽成群；山上是奇花异木的世界，桑柘松榛，层林尽染。这里有一种鸟叫精卫，远看起来，它的身材不大，长得像乌鸦，样子有些奇怪：小脑袋上彩色花纹，尖尖的嘴巴是白色的，红色而细长的爪子显得很可爱……

点评：该段文字依据《精卫填海》中的发鸠山与精卫鸟进行再创作，突出了发鸠山的神秘与精卫鸟的独特，为故事的展开做好了准备。

B. 从前有座山叫发鸠山，这座山在中国的西部。山的北边是九曲黄河，山的南边是滚滚长江；山的西边是高峻的昆仑山，山的东边不远便是东海。山上林木苍翠，四季常青，是小鸟们最爱栖息的家园。在山南侧的密林中住着一群雀鸟，雀鸟中有一只样子与其他鸟不一样的小鸟叫精卫。这精卫鸟，遍身羽毛黑如漆就像乌鸦，鸟头上有像线条那样的花纹，白色的小嘴，红色的鸟爪。

点评：同样是对《精卫填海》的发鸠山与精卫鸟进行描写。发鸠山的环境显得苍茫遥远，而精卫鸟的形象比较具体。整体看，本段叙述化句子多了，描写减少，为故事发展酝酿了氛围。

（二）捍卫叙事的泛神话

叙事是文学写作的基本功底。在我们熟悉的《新白娘子传奇》里有一个片段是，白素贞与法海斗法水漫金山，作者用其特有的叙事手法在不知不觉中将读者带入神话故事的叙述空间。

导语：

神话的世界是超现实的。民间故事的世界是既有超现实的人物与法术或巫术，又有现实真实世界的故事，即民间故事的人物既有现实人物的特性，又有超越现实人物的物性、神性或妖性、魔性……我们可以想象一下：阿拉伯民间故事中的飞毯，中国民间故事中的田螺姑娘，甚至梁山伯与祝英台化蝶的故事……这些故事中的人物与故事，都显得既神奇新异，又真实可感。

根据教学要求，可以《干将莫邪》为再创作目标，写出一段故事。重点在于学会“叙述”，即在原来故事基础上，根据自我的想象，把故事叙述出来。然后，写作者之间需要按照小组划分，将作品互相交换、阅读、讨论，然后记住对方叙述的故事，互相接叙他人故事的发展。

对叙写他人的故事，要求如下：

1. 故事：叙写的故事，必须是原故事，不允许更换题材内容。

2. 要求：叙述应确保故事性，不要过多使用心理、肖像、场景等描写。

3. 提示：可以进一步虚构想象，增添人物的法术神通，增加故事的波折等。如“只见她把手对着一块石头一指，眨眼间，那块石头就变成一只雪白的绵羊。那绵羊挣扎了一下，站起来，走到旁边吃草去了”。

作业案例：

《干将莫邪》节选的故事材料：

楚干将、莫邪为楚王作剑，三年乃成。王怒，欲杀之。剑有雌雄。其妻重身当产，夫语妻曰：“吾为王作剑，三年乃成，王怒，往必杀我。汝若生子是男，大，告之曰：‘出户望南山，松生石上，剑在其背。’”于是即将雌剑往见楚王。王大怒，使相之，剑有二，一雄一雌，雌来，雄不来。王怒，即杀之。

莫邪子，名赤，比后壮，乃问其母曰：“吾父所在？”母曰：“汝父为楚王作剑，三年乃成，王怒，杀之。去时嘱我：‘语汝子：出户望南山，松生石上，剑在其背。’”于是子出户南望，不见有山，但睹堂前松柱下石低之上，即以斧破其背，得剑。日夜思欲报楚王。

要求根据原故事节选，将“楚干将、莫邪为楚王作剑，三年乃成”一段进行再创作，叙述干将莫邪开始铸剑的历程。叙述中注意环境、人物、铸造常识等方面可以虚构。下面是再创作后的故事：

A. 干将莫邪夫妇被楚王征去铸剑。楚王要求他们铸造天下第一神剑，如果无法完成，将被处死。这是一件不可能完成的差事，但是，夫妇二人还是接受了。

干将莫邪跑到湛卢山去铸剑。湛卢山距东海不远，据说是欧冶子曾经铸剑的地方，盛产铁精，便于铸造宝剑。

夫妇二人找铁精，安置熔炉，开始铸剑。日子缓慢得如同春天的风，懒散和煦。在不知不觉间已经过了一年，但是，铸造的剑还是不行。这一年来，干将莫邪也不是没有任何收获，他们的儿子赤出生了。

继续铸剑。夫妇二人明白，没有好的铁精是无法铸出神剑的。于是，他们继续寻找矿石，熔铸铁精。光是铁精的渣滓就堆积成一座小山了，可是神剑难成。眼看就要满三年了，铸造宝剑的差事，还是没有完成。

一天黄昏，风雨大作，一道闪电划破夜空，只见一个红球从空中飞进熔炉，“嘭”的一声响过，一道亮光直射牛斗。干将莫邪跑过去一看，两把宝剑闪闪发光。哦，终于铸成了神剑，他们以自己的名字命名宝剑为干将莫邪。

楚王听说了，就派人来催，让干将到王宫呈交宝剑……

点评：上文的叙述，选择的是名剑湛卢的铸造地湛卢山作为铸剑故事的环境，叙述描写都比较具体，基本把握了故事的核心，合乎再创作的要求。尤其是加入了一段来自自然的神力辅助，使得铸剑的行为有了神秘感。

B. 楚王因为要与秦国打仗，为了得到一件趁手的兵器，曾派大臣到民间广为搜求，一直没有得到。后来，听说干将莫邪夫妇是远近闻名的铸造工匠，就派大臣招来二人，说：“寡人欲一统天下，命你二人铸造世上最锋利的宝剑，期限一年。如若不成，将治死罪。”

干将莫邪二人领命，来到湛卢山铸剑。

湛卢山险峻奇秀，多产铁精，也产黑煤，能炼制焦炭，是块铸剑的宝地。夫妇二人安排了住处，搭起了炉灶，制好了风箱，架起了鼎炉，找来了铁精，开始铸剑。然而，一炉铁精炼出来后，看起来黑乎乎的，小气泡、气眼不少，如同废渣，根本不适合锻炼成剑。看来，需要自己动手炼矿石，提炼高纯度铁精。

干将莫邪带着干粮和水袋，在湛卢山找寻优质矿石。湛卢山方圆几十里，北坡多是缓坡，绿植茂密，不可能有精矿。南坡险峻，乱石嶙峋，也不像个有矿的所在。西侧是陡崖，更不可能存矿。看来，只有山的东麓了。在东麓，干将莫邪攀萝爬藤，找了不少地方，也没有找到。两人坐在一块石头上休息，啃了几口干粮，拿水袋喝水时，水洒了一些，石头被溅了水，太阳底下，发出乌黑的光。两人齐声喊道：“哈，这不就是天然的铁精？”真是踏破铁鞋无觅处，得来全不费功夫。

干将莫邪到山下喊来民夫，把这块“大石”搬到炼炉，生火、添柴、换煤、加炭，再次开始一心一意地铸剑。

点评：这一故事的叙述与前文不同，重在叙述铸剑的准备工作。常言说“工欲善其事，必先利其器”。本段叙述，将传说中干将莫邪铸剑的湛卢山作为故事发生地，叙述了铸剑过程中遇到的困难与寻找铁精的经历，具体形象，有一定文采。

根据写作要求，接下来就是交换、阅读、讨论，然后记住对方的故事发展，互相接续，进行再次创作。这里需要说明几点：一是互相叙写要指定具体发展环节，比如写到干将被楚王害死、赤长大或者赤出发报仇等，需要根据课程时间安排到故事的某一段落；二是要求尽可能在语言、段落、叙述线索等方面与原叙述大体一致；三是叙述完成之后，再次交换、阅读、讨论，互相促进。

（三）“新创神话”的“新叙述”

如果说原始神话的再创作、民间故事与传说的改造等都属于泛神话故事的拓展性叙述，那么新创神话基本上是相对创新的泛神话故事，是一种新叙述。一般而言，原始神话是“通过人民的幻想用一种不自觉的艺术方式加工过的自然和社会形式本身”①。这种“不自觉”是原始神话的标志性特征。“神话的世界成了一个虚假的世界，成了其他什么东西的一种伪装。它并不是一种信念，而是一种十足的弄虚作假……虽然神话是虚构的，但它是一种无意识的虚构，而不是有意识的虚构。”② 但是，后世产生的神话是自觉的艺术创造，是一种泛神话，所以，新创神话表达的是现代人的思想情感，已经与古人无关了。

电影《阿凡达》可谓一部现代新创神话之作。它借助神话人物的独特造型、各种类似特异功能的超人本领、诗化般虚幻遥远的神秘时空，甚至加上一些法术神通，取得了成功。可见，写作创新神话似乎不是遥不可及的文学想象。

导语：

当我们说到神话时，思绪会自觉地飞往遥远的古代。共工、颛顼、夸父、蚩尤、女娲、大禹、鲧等形象，渺远而神秘的远古，激烈的奋争与决绝的搏杀，神奇的息壤与万能的不死之药……纷至沓来的还有亘古不可复现的怅然，

---

① 中共中央马克思恩格斯列宁斯大林著作编译局．马克思恩格斯选集（第二卷）［M］．北京：人民文学出版社，1972：113.

② 恩斯特·卡西尔．人论［M］．李化梅，译．北京：西苑出版社，2003：128.

纡徐难消的侧身神往。那么，是否可以畅想一下：一旦赋予手中之笔绘神大权，让我们真切置身于神话缤纷绚丽的妙境，想象的翅膀能高飞多远，叙述的故事就会有多精彩。即使是昙花一现的短暂，那也是属于自我的神话瞬间。

放眼望去，比如我们周围有什么巍峨的高山、广袤的原野，抑或潺潺的溪水、参天的大树，或是一座古庙、一个图腾、一个传说，再比如一张神话人物、故事、场景的图画，甚至是几个有关神话传说的关键词等，都可以引发我们新创神话的写作冲动。

当然，选择一段神话故事的影视片段、放几张有来历的图片、拿出一块化石或者一件古代器物，再简单如拿出一个小动物，比如乌龟，让它随思绪穿越到洪荒时代，成为龟甲，成为甲骨文，成为某个巫术仪式的符号、某场部落战斗的记录、某个怪异事件的见证……

即使是一场巫术仪式，也可以写出新创神话故事。“巫术是基于这样一种歪曲的、虚妄的信念：相信人和自然界之间存在着一种看不见的联系和影响，个别的自然现象可能影响人，反过来人也可以用种种幻想的手段，去控制自发的害人的自然现象。”[①] 想要施展一下巫术吗？那快来写作新创神话吧！

案例：

请根据下面新创神话关键词，写作一个简短的神话故事：

1. 落笔峰；仙郎——阿络；仙女——阿碧；大巴——仙女之护身犬。
2. 故事；诞生；相爱；救难；升天；后人怀念。
3. 远古；海洋；群山村落；红花村；落笔村；三罗村；村民。

A.

阿络和阿碧

相传在很久以前，落笔峰上住着一个仙女，叫作阿碧，生得美貌，并且温柔善良。在落笔峰下，有个小村子，村民以狩猎和捕鱼为生。村子里有个青年，名叫阿络，长得壮实，憨厚实诚，是村子里的优秀青年。

一日，阿络照常进山打猎，穿过浓密的树林，在清澈的湖边，看到一只小狗正在被一只大老虎追赶，眼看就要追上了，千钧一发之际，阿络搭弓射箭，射中了老虎，老虎受伤败逃了。阿络走近小狗，想要查看它是否受伤，它却在

---

① 袁珂．中国神话传说：从盘古到秦始皇［M］．北京：世界图书出版公司，2012：7.

阿络低下身之际，叼走了阿络的一支箭矢，眼巴巴地看着阿络，往前走。阿络不知缘由，便不由自主地跟上去了。

一狗一人，绕过湖泊，往山上走，不多久，望见一个洞穴，洞壁上写着“落笔洞”三个字。这时阿络听到一阵呼唤“大巴，大巴”的声音，声音清脆悦耳。转过身，阿络看到一名妙龄少女向他走来。这少女正是仙女阿碧，而小狗就是阿碧的护身犬大巴。

阿络向阿碧述说了刚刚发生的事和来到这里的原因。阿碧要感谢阿络，于是把一些采集和劳作的方法一一教给阿络，阿络再回到村子教给村子里的其他村民。这一来二去，两人互生情愫，于是在落笔峰上以天地为鉴，结为夫妻。婚后他们和和美美，幸福美满，成为一段佳话。

于是，村子里世世代代的村民，把落笔峰作为幸福的场地，每年进行祭祀活动，祈求幸福美满。(冯小丽)

点评：该篇文字简约，叙述了因救助爱犬而相识的神话人物，赞美了他们身上的美好品质。故事叙述采用直线型线索，环境人物描写简明，叙述节奏平稳明快，读来颇为清新。

B.

落笔峰

在南海之滨有三个村庄，红花村、落笔村、三罗村。村民们以耕田为主，闲暇出海打鱼，生活过得逍遥自在。村旁有个落笔洞，洞里住着仙女阿碧，陪伴在仙女身旁的是她的护身犬大巴，仙女常年驻守在落笔洞，守护这里的一方水土。

一天，仙女正在山间采药，遇到了问路的仙郎阿络。原来阿络以游历四方为乐，从第一眼看到阿碧的那一刻起，他就决定定居下来，过安居乐业的生活。就这样，他们幸福地生活在了一起。一天，熟睡中的他们被洞外的嘈杂声吵醒，只见村民们扶老携幼，哭哭啼啼地跪在洞门口，原来是有外族要强行占领这里，要赶走世代居住在这里的人们，村民们只好前来向神仙求助。

只见阿碧和阿络施展法术，口中念念有词，手指一伸，两道白光冲天而去，幻化成一道仙障，把村寨围裹在里面。后来，这道仙障变成山峦，世世代代守护着这里的村民。

村民们为了纪念阿碧和阿络，把他们所在的那一座山峰叫落笔峰，每逢时令节日，前来叩拜。(黎艳萍)

点评：该篇平铺直叙，采取直线型叙事结构，显得朴质自然。虽然没有多少情节发展，但也构成了完整的故事。尤其是加入了神话中的法术，为故事增加了一抹亮色。

C.

笔仙缘

当年共工与颛顼争帝怒触不周山而天下大乱，天地倾覆。天帝盛怒将二神贬为凡人，共受轮回之苦。临行前，天帝答应二神，允诺各自许下一桩心愿。共工愿将一生血汗撒作天倾向的西北，望世代不忘其辛劳功绩，而颛顼则愿将一生最爱女子赠予的仙笔置于南海之巅的崖洞之中，灌以朱崖清泉，命山洞周围三罗、红花、落笔等几个村落护之，又派一只神犬大巴守护以免造妖异侵夺。

这里且不说共工之事，单表南海仙笔奇遇。这仙笔来到凡间多年后，参天地之灵气，取日月之精华，竟然化作一仙女，居住在山巅，终年与苍翠做伴。修道之余，常一袭翠衣，出没于周边村落，帮助村民们赶走怪兽，灭除妖孽，深受人们爱戴。后来，众人得知原是洞中仙笔，又总一身碧绿，便亲切唤之阿碧。

几百年后，颛顼的第五代孙回，因大禹治水来到琼州，见到沦落的仙笔，却无力救助。他谨遵使命，大力治理琼州水土，赢得舜的信任，做了一代良臣。天帝感动，将颛顼第六代孙子录为仙籍，命名络，投到南海遭受风浪洗练，以长成更健壮的仙骨。

不料，络初来南海便遇上台风，他用还未长全的仙骨全力以对，减少村民的损失。络因此受人民尊重，人们亲切地称他为阿络。一日闲游，阿络不慎落谷，寻路时见一女子眉目含笑，阿络却总觉得在哪里见过，这女子便是笔仙阿碧。经过交往，阿络明白了女子身份，乃当年先祖与爱人海神信物所化笔仙。阿碧倾慕少年才华，也知道阿络写得一手灵秀好字。于是，二人在山洞中安居，时常写字作画，仙郎仙女开始了一段爱情故事。村民们遇有困难便来求助，二人也多帮助村民灭灾，救助贫苦。不知经历了多久，村民也不知晓二人年岁，只记住了二位神仙居住的落笔洞。（王丽伟）

点评：本篇从远古共工与颛顼争斗写起，起点较渺远。后面借用了神凡转世手法，叙写了神话人物的后代继续造福人间，赢得人心，最终得到人们纪念。叙述有些枝节，想象略显不足，但能够围绕神笔展开中心故事，符合新创神话要求。

D.

阿络

鸿蒙初辟以来，自水神共工和火神祝融大战起，虽有女娲补天，但是那场大战导致天地阴阳混沌，妖孽纵生。

崖州东一百里处，地处南海之滨，有山曰落笔峰，山有木焉，其状如穀而黑理，其华四照，光芒四射，有起死回生，佩之无瘕疾之效，名曰迷穀。这棵树因受到上天灵气滋养，幻化成个女人模样，其貌清丽无双，自唤为阿碧，常年幽居于落笔洞中。

因天宫缺口，天下民不聊生，落笔峰旁的红花村、三罗村等诸村瘟疫恶疾肆虐，阿碧不忍看世人深陷水深火热之中，乃施展法力，培育药草，疗治瘟疫。于是当地人将其奉为山神，其所居之洞称为仙姑洞。

南海五百里处有一大蛇，其状如牛而白首，一目而蛇尾，其名曰蜚，行水则竭，行草则死，见则天下大疫。一日，天帝之子阿络接受天帝委派铲除四方作乱的妖蛇。在与大蛇缠斗七天七夜之后，将其驱入北海之中，而已身负重伤，跌倒于落笔洞前。阿碧见其奄奄一息，于是将他搬进洞中医治，得以痊愈。其后，两人相爱并结为夫妇，时常为村民疗疾。时人称为仙郎仙姑，岁时供奉。

不料，多年后，那蜚怪仍怀恨在心，前来寻仇。当地瘟疫又起，天帝震怒，仙郎阿络再次只身前往南海，与蜚怪大战三天三夜，两败俱伤。阿络昏迷，性命不保。阿碧听闻，赶往南海为阿络疗伤。她用身体幻化成丹药，让阿络服下，保住了性命。阿络醒来，不见了阿碧，悲伤不已。回到落笔洞，于救治好百姓瘟疫之后，他自毁元神，到灵界去和阿碧做伴。

后来，世人为了纪念他们，便每年在洞口举行仪式，檀香高烛，献祭奠酒，燃放爆竹，以表达不忘恩德。（王艺莹）

点评：该文从鸿蒙开辟写起直至悲剧结局，大开大合，颇有气势。难能可贵的是以半文半白的语言，叙述了一个相对完整的神话故事，故事层次清楚，情节波澜起伏。如此，此文思维活跃跳动，语言表达具有一定功力，实属难能可贵。

从以上案例写作与四篇作业来看，新创神话故事的叙述，仍然离不开神话思维的想象。这表明，泛神话故事需要以万物有灵和图腾主义为创作思维，民族传统文化、民间传说故事、原始神话基因等都是不可缺少的创作元素。

创意写作重在启发写作者通过创意激发、思维指导、想象贯通与个体体认，在教师指导与设定的情境中，写作者是能够初步完成写作命题的。

但是，在创意写作的工作坊式课堂具体的教学情境中，相互之间的阅读、交流、讨论，也可以连续激发写作者的创意思维，教师要做好因势利导，指导写作者在初稿基础上进一步完成写作修改。此外，针对泛神话创作，教师可以继续就有关神话话题阐释，补充有关知识，以提升学习者的写作理论水平。如针对神话习作中出现的图腾（totem），教师可以进一步明确神话概念，神话是“通过人民的幻想用一种不自觉的艺术方式加工过的自然和社会本身”[①]，指出“图腾主义相信人和动物、植物，乃至自然现象以及无生物之间，存在着某种不可见的密切联系”[②]。如此，就可以进一步加深学习者对神话及图腾联系的理解，为日后的写作做好理论储备。

当然，一定要注意交流中出现的不同观点，一旦发现意见相左，不要拘泥于对错是非的争执，要加以引导。文学写作的优劣，尤其是神话故事的创新，衡量的标准并非只有一个，能够发挥想象，能够围绕命题写出故事，叙述条理清楚，就应视为达到了写作实训目的。

本章小结

本章以“泛神话写作”为题，需注意的是，原始神话是指“神话是生产力低下的原始社会的产物”，这是神话的狭义内涵。“现在就是要扩大视野，把后代那些一般人称之为神话的民间传说故事都包括到神话的范围来”，这个就是广义的神话内涵了[③]。本章里的泛神话概念要表达的就是广义的神话内涵，是指包括了具有“神格”的民间传说在内的神话。

泛神话写作突出了神话的万物有灵思维与图腾主义的符号借用，在写作神话故事时也可以加入巫术或法术元素，这样的泛神话写作练习，与网络文学的玄幻、悬疑、穿越、仙侠等都不同。其不同点在于神话故事的古朴以及投射出的人性真善美，故事叙述中的人物关系构成相对简单，没有一个完整的神仙谱系。用一句话来总结，即泛神话写作的叙事多是古朴的线条，简明的故事，而玄幻、穿越、仙侠等网络文学则往往是情节繁复、人物关系复杂的小说。

因此，在本章的写作教学设计中，教师需要通过设置特定的教学情境，如使用神话人物画图、神话故事影像等，使学习者进入神话的“盗梦空间”，激

---

① 中共中央马克思恩格斯列宁斯大林著作编译局．马克思恩格斯选集（第二卷）［M］．北京：人民文学出版社，1972：113.

② 袁珂．中国神话传说：从盘古到秦始皇［M］．北京：世界图书出版公司，2012：7.

③ 袁珂．中国神话传说：从盘古到秦始皇［M］．北京：世界图书出版公司，2012：33.

发创意思维，进而推出写作的关键词或写作材料加以引导，让写作者尽快进入角色，探寻并接通个体的神话文化基因，浮想联翩，走笔行文。

那么，现在可以罗列一下本章的学习要点：

（1）明确了神话与泛神话的含义，不再惶惑“是不是”“像不像”神话，使写作者能够轻松自信地构想自己的神话故事。

（2）万物有灵与图腾主义的观念，让写作者发现了神话写作的芝麻开门，解密了神话思维的独特密码，找到了神话叙述的路径和路标，使写作者的创意多了一种表达的方式。

（3）巫术或法术阐释，原始神话的再创作、民间传说故事、创新神话等泛神话案例，使写作者可以找到效法的榜样与写作的简捷模板。通过本章的学习，写作者将有入手即会的成就感。

最为重要的是本章内容鼓励学习者进行原创性的“精神生产”。故此，课程的教学设计案例多取自课程教学过程中的习作，尽管不够完美，但可以让人更有亲近感，生出一种完全可以“取而代之”，可以亲自操刀进行创意写作的跃跃欲试之感。

练习题

1. 依据学校所在地特有的山川/草木/传说/古迹等，参照万物有灵写一个简短的神话故事。

2. 从自己熟知的神话中选择一个进行再创作，尝试加入巫术/法术/神通等手法，设置一个图腾，对原神话故事展开想象，叙写一个神话故事。

第七章　文本创意改写

一、教学要点

文本创意改写，是指通过对成熟文本进行编排重组、衍化颠覆，使之超越原著，由旧而新，生发出新的意义的相关写作。文本改写在此即为二度创作，核心目的在于通过实训，让一个旧文本“梅开二度”“旧枝开新花”，焕发出新的生机与活力。

“创意是神秘而复杂的，但神秘而复杂并不表示不能学”，“创意必须超越界限”。[①] 在文本改写的练习中，应在尊重旧文本的基础上，极大限度地激活、调度写作者的灵感思维，做到对原文本在形式、内容、意义等几方面的重塑与突破，达到由“作”到“创”再到“作”的训练目的。

文本改写最终会形成一个“蝶化”的作品，也就是使用创意让原作破茧成蝶。

二、创意原理

（一）重构经典：创意改写的冲动

“改写”在中国文学史上由来已久、目的各异：佛经向变文转变，是为了教义便于在信众中传播开来；传奇向戏剧转变，是为了吸引更多的受众；诗向词转变，是为了让诗歌承载更多的内容；文言文向白话文转换，是为了让更多的人接触到文学理论；此文体向彼文体的转变，是为了多向度地展示同一主题内容。也就是说，改写是有动因的，在诸种动因的催促下，有了突破前文本的诉求，经过构思，创意渐渐萌发。“创意写作首先是一种创造性活动，涵盖了传统文学创作但又远远超越于传统文学创作。”[②] 这一点非常突出地体现在创意性的文本改写中。在对传统的前文本进行改写的过程中，我们要极力追逐形

---

① 赖声川．赖声川的创意学［M］．桂林：广西师范大学出版社，2011：20－21.

② 许道军，葛红兵．创意写作：基础理论与训练［M］．桂林：广西师范大学出版社，2012：6.

式的自由、内容的弹性、意义的多元，突破前人的表达方式、意蕴内涵及价值观念，通过改变文体、叙事、结构、意义等方法，达到二度创作的目的。改写成功的作品，是对创意最好的体现，西方对《圣经》故事的改写、日本作家对中国作品的改写等都具有代表性。创意改写不单是与原著对话，还企图在原著的基础上做一些改变。如果把原著看作“常”的话，改写就是“变”，在创意写作的实训过程中，将“常”与“变”相结合进行教学，可以启发学生另辟蹊径地进行创意生发，将原著裂变成一个“熟悉而陌生”的作品，不管是解构一个经典还是重构一个经典，改写都可以满足改写者与原作者共同参与经典建设的心理需求，同时给作者带来一种让旧作新生的成就感，使作品达到出乎意料的效果。

二次创作的冲动，是激发创意改写的关节点。从接受美学的观点来看，接受者越过作家与作品，一跃成为理解、诠释作品的主体。读者在阐释作品的过程中，不同的前理解与期待视野会延伸出不同的接受范式，每一种接受范式都有解构或重构原著的可能。每一个读者都会依据自己的生活阅历、知识背景与认知能力去接受作品，产生与原作者的创作意图“和而不同”的观点。于创意改写而言，“不同”即是最大的创意生长点。此时，要力图激发读者说出他的“不同”理解，由此使读者的身份转换，并以“换了你将怎样写”来激发对方改写的冲动。在此，“冲动”是旧作品蝶化成新作品的驱动力。比如对于沈从文的小说《萧萧》的结局，很多学生表示不解，我们在课堂上追问了一个问题：“换了你，如何改写？”学生们的回答有如下几种：

（1）花狗良心发现，偷偷回来接走了萧萧。

（2）萧萧成功逃跑，加入了进步阵营，重新回到村子里解放了所有的童养媳。

（3）小丈夫长大了，进了学堂，知书达理，解除了与萧萧的婚约。

（4）萧萧被沉潭或者被发卖。

可见，每一种回答都会产生一个新的结局，每一种结局都是一种创意的体现，“我思、我在、我改”往往是创意激发的关键。

（二）成熟案例：文本改写的几种类型

文本改写有迹可循，有充分案例和成熟的历史条件，成功的文本改写案例给教学实训带来了巨大的启发，这些实例也是创意写作者需要了解和学习的。综观文学史上的文本改写，大致可以分为如下几类：

1. 改变文本形式

（1）语言形式的转换。新文化运动时期，新旧两派文学势力关于文言与白话的争论还处在白热化的状态。在这样的情况下，鲁迅先生以白话小说《狂人日记》表明了自己的观点。这一小说的序使用的是文言文，正文用的却是白话文，文白夹杂，孰是孰非，昭然若揭。关于语言形式的转换，常见的还有两种：比如将柳宗元的绝句《江雪》改写成白话散文；将郑愁予的现代诗《错误》用文言文改写成绝句或律诗。

（2）文学样式的转变。如刘心武以歌剧的形式创意改写了《老舍之死》。苏叔阳、汪曾祺、傅光明等人也从舞台剧、历史研究等不同的角度探讨了“老舍之死”。“非散文”歌剧剧本《老舍之死》是刘心武跨入创意写作领域的大胆尝试。他说，“这不是一个现实主义的作品，而是浪漫的、充满哲思的、现代甚至是后现代意味的作品”。刘心武的新意在于文学样式上对前人的突破。他采用歌剧的形式，安排老舍经典作品中的人物与之对话、放歌，这种以歌代哭的形式比平面的、沉默的文字叙述更有张力，更能引发受众的反思。

曹禺将巴金的小说《家》改写成话剧剧本《家》，选取觉新与瑞珏的爱情悲剧为主线展开家族叙事。话剧的《家》由文字形象走向舞台形象，人们听到了高家青年一代在“走”与“留”、“爱”与“恨”、“诀绝”与“眷恋”之间的苦苦挣扎，更有立体感。这就是创意所在。

2. 改写文本内容

改写文本内容包括由原著叙事支脉另起炉灶铺排章节、同人性质的改写、删除原著部分内容等方式。兰陵笑笑生攫取了《水浒传》原著里潘金莲与西门庆的故事重新生发，续写成了另一部经典之作——《金瓶梅》。香港作家亦舒的作品《我的前半生》有同人小说的性质，她将鲁迅《伤逝》里的涓生与子君移植到当代生活中：从涓生请求她同意离婚那一天起，子君才开始重新审视自我，重新成长。亦舒的创意是将这两位人物放在不同的生活时代与环境中，实验性地追问结果，最后发现爱与不爱、真实与虚无、直面与规避这些爱的故事里生出的二元对立与时代本身无关。

有些文本改写会删除原著部分内容甚至是舍弃原有的人物形象，这样处理意义何在呢？我们不能说每一部作品的改写、改编都是成功的。台湾电影《怨女》对张爱玲小说《金锁记》的改编，舍弃了姜长安这个角色。“姜长安”这个“美丽而苍凉手势”“一级一级，走进没有光的所在”的女子消失后，作品的光亮也随之消失了。而小百花黄梅戏剧团改编的《雷雨》，通场看下来，鲁大海则始终未出场。去掉了鲁大海这个角色，等于去掉了《雷雨》中“人伦”“爱情”“阶级”中的“阶级”这一关键词，剩下“人伦”与“爱情”对垒，让原著瘦身成了言情剧。可见，创意改写，不一定要做加法，减法亦有新意。

3. 改变叙事模式、延说

写作者改变叙事模式的做法比较常见。中国古典小说多采取“天上—人间”这种叙事方式，人间的故事要从天上的故事说起，然后按时间顺序演进，《水浒传》《红楼梦》皆如此。到了现代文学时期，叙事模式开始发生转变，当代文学史上的先锋派小说家们拿叙事模式进行试验，他们颠三倒四的梦游式叙述，也能将故事讲明白。在叙事模式上的创意，值得写作者们学习。如何突破讲故事的陈规，改写前人的作品，这也是创意写作实训的主要内容之一。

还有一种方式是延说，即续写。高鹗为《红楼梦》续了 40 回，补齐了整个结构线索，一则延续了前 80 回的精神脉络，二则融入了自己的看法与理解，这是高难度的挑战与改写。不是站在巨人肩上看世界，而是在巨人的俯视下操刀。2016 年，第四届新少年作文大赛中，浙江省杭州学军中学的王宁用续写《红楼梦》的方式，虚拟了原著中的几位人物进行网购的故事，写了一篇题为“马云，你听我说”的作文，赢得了高中组一等奖。文中林黛玉用手机淘宝买“高仿”、宝钗在网上进行代购、凤姐在淘宝上预定阿里厨师推送、平儿使用支付宝、刘姥姥淘宝网购广场舞的衣服……文中的人物个性鲜明。作者将作品与现实相联系，激活了古典名著，让故人活在当下，借古喻今，创意无限，饶有生趣。

1941 年 2 月，秦瘦鸥的长篇小说《秋海棠》引起轰动。戏子秋海棠与罗湘绮相爱，被毁容后无法再登台，带着二人的爱情结晶梅宝流落江湖，历尽艰辛，最后回到上海，后来罗湘绮找到他们时，秋海棠已经离开了人世。故事中的秋海棠的遭遇太悲惨，以至于作家周瘦鹃动笔改写了《新秋海棠》，在保持了原著框架结构的基础上，给了男女主人公一个好的结局。从接受美学的角度来看，“期待视野包括创新期待和守旧期待两个方面”①。改写一方面在一定程度上契合了原著的内容，另一方面又有出乎意料的故事情节产生。在创意改写的过程中，写作者的心绪情感也是可以调度创作的一股力量。

---

① 许道军，葛红兵．创意写作：基础理论与训练［M］．桂林：广西师范大学出版社，2012：150.

4. 改变文本意义与戏说

改变文本意义是文本改写中最具创造性的一环。在鲁迅的《故事新编》中，神话传说、历史典故、哲学信仰均在他的利剑寒光下发生变形，古今贯通、仿古戏今，融入了他的价值关怀与自我认知。老子讲课让人瞌睡、庄子被鬼扒衫、女娲遭人调戏、后羿英雄末路、嫦娥算计老公……按照今天的说法，鲁迅先生在“玩穿越”。在穿越小说中，改写的价值不仅在于穿越的方式，更在于穿越的意义。“从古典叙事作品的这种游戏趣味中，我们可以领悟到鲁迅《故事新编》中的时空错乱的叙事谋略的历史因缘……在历史故事之旁糅合了相当数量的来自现实生活中的角色和细节，从而造成了古今两个情节层面的相互干涉，造成了一种间离效果，把辛辣的讽刺蕴含在诙谐的变形画面之中。”①施蛰存对水浒英雄石秀进行改写时走心灵路线，补全了石秀的形象；刘以鬯的小说《追鱼》是对同名越剧的改写：

追　鱼

第一日

读书人放下书本，走去池塘边，想看鱼，果然看到了一条鱼。

第二日

读书人放下书本，走去池塘边，想看鱼，看到了自己。

第三日（上）

读书人放下书本，走去池塘边，想看鱼，看到一个年轻女人。那女人很美。那女人满脸堆笑，向他招手。

第三日（下）

地壳蓦然皱裂，猛烈震动。假山倒塌了。凉亭倒塌了。房屋倒塌了。围墙倒塌了。树木倒下了。池塘被碎石断木填满了。池塘不见了。读书人不见了。

第四日

员外、夫人、小姐、丫鬟和几个家丁都在瓦砾中挖掘，希望找到失踪的读书人，没有找到。

第五日

员外、夫人、小姐、丫鬟和几个家丁仍在瓦砾中挖掘，希望找到失踪的读书人，没有找到。

---

① 杨义. 中国叙事学［M］. 北京：人民出版社，1997：32－33.

第六日

员外、夫人、小姐、丫鬟和几个家丁见到瓦砾中有一只大老鼠。大老鼠没有被压死，还会讲话。“不用找了，”老鼠说，“你们想找的读书人在池底和一个女人在一起。那个女人是一条鱼”。

越剧《追鱼》中的鲤鱼精爱慕张生，宁愿放弃千年修行，忠贞于自己的爱情，忍痛让观音菩萨拔掉了自己身上的三片金鳞，转为凡人，与张生结为夫妻。原著为鱼追人，刘以鬯却以小小说的方式颠覆了此结构，将之改写成人追鱼。改写后产生新的意义：鱼的世界的吸引力远远大过人的世界。人为了爱情，宁愿放弃人间的一切，破除了人的自恋情结，找到了人与自然间的平等和谐的关系。

20 世纪 80 年代，西方的结构主义批评方法进入中国后，撬动了创作与批评两个维度的陈规。二元对立结构的建构与解构，玩味与颠覆，对文学世界影响极大。周星驰以“大话（戏说）西游”的方式演绎了《西游记》、以解构的方式演绎了唐伯虎与秋香的故事，解构了孙悟空疾恶如仇、不近女色的形象，还原了唐伯虎的真实人生和困惑……掀起了一阵解构主义的风暴。究竟正说与戏说哪一方更接近历史与人物真实？这是我们要思考的问题，也是创意写作者要追问的问题。

这几种改写类型对我们的创意写作教学起到了借鉴、启发的作用，它提供了文本改写的写作经验及可以遵循的规律，证明了创意改写的可能性。当下流行的同人小说、穿越小说、玄幻小说等都是对经典改写文本不同类型、不同程度的继承与发展。

（三）二度创意：文本改写

创意写作分三类：欣赏类阅读文本写作、工具类功能文本写作、生产类创意文本写作。文本改写属于“欣赏类阅读文本写作”的范畴，“随着文学观念的变化、艺术消费中心的转移以及书写技术的升级，文学的概念也在悄然发生变化，许多新的文学现象和文学形式不断产生，已经超越了传统意义上的文学形式。一方面文学的文体写作知识和技巧被广泛认知，另一方面文本的跨媒介、跨文体写作十分活跃，许多作品已是跨类、跨文体、跨媒介写作，我们很难将它归为某一类文学，甚至很难归类为文学，这导致创意写作的对象和消费愈发丰富多样而且复杂”①。“跨”界，是文本创意改写的核心。“界”是指以原著（前文本）为依据，有“从心所欲”的生发，亦有“不逾矩”的成规。一般来讲，“创作”是由“创”与“作”形成的二维结构，“创”是思维创新激活的过程，“作”则可以落实到写，落实到文本成品。

文本改写的创意写作不是让你信马由缰去创作，它有一个前提——原作已存在，你必须在此基础上产生创意，进行二度创作。此类写作须遵循三个环节：作—创—作。分解开来，第一步是创意性地解读原著，找到改写的兴奋点；第二步是创意的过程，构思如何在原著的基础上进行生发、衍化；第三步才是作，具体落实到“写”上。

三、写作设计

在本章的写作教学设计中，我们选取了学生最感兴趣的作家作品进行深度解读，在吃透原著的基础上进行二度创意——改写文本。在这一教学环节中，我们主要从“问题”入手：读出作家创作的矛盾心理、发现作品的裂缝、寻找可以生发的留白……促使学生自我追问：如果我思我在我改，作品会将是怎样一番风貌？通过问题意识激发起学生挑战经典、重构经典的欲望。我们在创意改写的原理中选取“改变文体”与“续写”两个点进行写作训练。

具体如下：

（一）诗意对接：跨文体改写训练

在这个写作训练中，我们将尝试把萧红的小说《后花园》改写成三行诗。在这个改写练习中，写作者将仔细体会文体的转变如何激发、生成创意，以另一种方式展开对经典作品意义的追寻。

原著解读：萧红的《后花园》里春光无限，但与磨倌冯二成子无关。他的人生轨迹都在磨道上循环，直到有一天雨夜，隔壁赵大姑娘的笑声点亮了他，他的生命意识才一点点恢复。姑娘出嫁了，成子感到了“虚”与“空”。这虚空被王寡妇填满，随着王寡妇及孩子的离世，虚空又重来，冯二成子平静如初，继续磨面，一圈圈、一年年，后花园里花儿独自开落，一如从前……

同题三行诗：为了映衬萧红的诗化语言，以诗解文，为鼓励同学们创作，我们发起创作同题（《葵花走后——致冯二成子》）三行诗活动。同学们对“小说”到“诗歌”的文体转变这类创作感到新奇，积极地参与了创意改写，

① 许道军，葛红兵．创意写作：基础理论与训练［M］．桂林：广西师范大学出版社，2012：53.

最后形成同题三行诗诗集。

下面是本次写作练习中，老师和学生共同参与创作的作品：

你的笑声　沉甸甸的
压垮了那夜的春雨
也浸透了我谦卑的心悸
——刘欣欣

你珍藏着她的笑
伴着麦子的清香研磨出
三分明媚　七分落寞
——胡海晴

生活不意间挣脱了孤寂的磨道
如春天的后花园般突然有了色彩
你说是因为爱情在窗外咯咯地笑
——关文轩

磨，后花园绚烂中的寂寞
寞，梆子声中偷聆笑声的沉默
默，一生无法弥补的错过
——汪婷

风起花飞院后
梦中寻笑语
尽是离眸
——黄镇利

点评：把萧红的诗化小说《后花园》转变成诗体进行书写是一种创意尝试。在阅读学生们的作品的过程中，笔者被学生们的诗情打动。通过阅读他们的作品，笔者发现原来学生们都有诗人的潜质，这种潜质需要教师用适当的方式将其召唤出来。小说中的文字美丽带着忧伤，如泣如诉的情绪击中了学生们，内心的块垒只有用诗情来抒发。正是急于表达的愿望召唤了创意写作的欲望，从习作来看，被唤醒写作欲望的学生与之前相比判若两人。他们的作品携带着萧红的诗意，结合自己的生命体悟将其发酵，二度创作非常成功。

三行诗这种改写的形式还有一种好处：便于传播。由小说到诗歌，由平面书写到立体媒介，两个转变其实是创意发酵的过程，在这一过程中，收获不仅在文本内，也在文本外。

（二）后来与未来：延说（续写）训练

这个写作练习的目的在于：以小说、剧本的方式续写了许地山的小说《春桃》，在原著的基础上寻找故事的增长点，做到既忠于原著又有创意。小说着意从情节设计、细节生发的角度解决“二男一女”的矛盾，剧本则需从“矛盾冲突”设计这方面来追问小说的“后来”与“未来”，通过不同方式的改写来看原著意义的延伸与裂变。裂变即是此类写作练习的创意所在。

解读作品：

1934 年许地山在《文学》上发表《春桃》。由于战乱，春桃与丈夫李茂成婚的当天，李茂被抓了壮丁，二人失散。春桃流落到北京，以拾荒为生。其间，春桃认识了刘向高，二人同居。几年后，春桃在路边偶遇已失去双腿的李茂，她把他带回了家。“二男一女”的家庭生活矛盾重重，李茂闹上吊、刘向高离家出走。经春桃的协调，三人平息矛盾，安定地生活在一起。

改写要求：

根据小说的结局，提出两个问题：

（1）“二男一女”的矛盾是否还会发生？发生后，该如何解决？

（2）许地山前期创作中的宗教观是否在《春桃》中消失了，如果有，他是如何呈现的？本着这两个作者试图回避的问题，我们进行了《春桃》的续写训练。

下面是学生作品展示：

我们如何聚散

春桃——女，年纪在三十岁左右，娘家姓刘。从乡下逃难到北京。在穷途上，她干起了这捡烂纸换取灯儿的活儿。街坊都称她为捡烂纸的刘大姑。

刘向高——男，年龄与春桃相仿。乡间高小毕业生。四年前，乡里闹兵灾，全家逃散了，在道上遇见同是逃难的春桃，一同走了几百里，彼此又分开了。原本到涿州去，找不到住处，又流落到北京来。后与春桃同住一个屋檐下，两人在生计上相互照顾。

李茂——男，从乡下逃难到沈阳当兵，被日本鬼子打伤了两条腿。做了截肢手术，由于行动不便，只能沿街乞讨，苟且生存，后遇到了春桃，他与春桃、刘向高住在一起。

兰仙——女，李茂的表妹，因为战乱到了北京，在街上偶遇了李茂。

第一幕

人物：李茂、兰仙

时间：1938年6月的一个黄昏

地点：北京某市场小摊旁

[幕起：暮色四合，街上行人渐少。这天，兰仙领到了她来北京的第一份薪水，清贫的生活终于有了一些着落。她又一次忙到了傍晚，想着买些东西，就来到了市场。]

[街上熙来攘往。兰仙的眼睛四处游荡。蓦然，一个身影闯到了她的面前——]

兰仙（朝李茂走过去，眼眶慢慢湿润了）：茂哥，我是阿兰，你怎么——（哽咽）

李茂（听到兰仙的声音，稍惊讶，随即背过身去）：你是谁？

兰仙（稍微激动）：我是表妹阿兰啊！哥，那么久没见面了。你不知道，家里人都……

李茂（眼眶发红了，叹了一口气，鼓起勇气抬头看兰仙）：阿兰，是你。

兰仙：哥！这么多年，你都杳无音讯，我还以为你……（看着李茂的腿，眼泪吧嗒吧嗒掉下来，连忙用手背抹去）

兰仙（低下头，看着李茂的腿）：哥，你的腿……你的腿怎么了？

李茂（自卑地垂下脑袋）：回去再说吧，春桃还在家等我。

兰仙（惊讶）：哥，表嫂她跟你在一起?!

李茂（眼神浮动着复杂的情绪）：回去再说吧。

第二幕

人物：李茂、兰仙、春桃、刘向高

时间：1938年6月的一个傍晚

地点：春桃所住的院子

[幕起：进门是个小院，院子一大部分是瓦砾，门前种着一棚黄瓜，几行玉米，窗下还有十几棵晚香玉。几根朽坏的梁木横在瓜棚底下，春桃正坐在那里乘凉。兰仙推着李茂缓缓走进院子……]

春桃（看见李茂进来，忙去迎接）：茂哥，这位是……

李茂：这是我在乡下的表妹，刚刚在市场上碰到的。

兰仙（打量着春桃）：嫂子，我叫阿兰。

春桃：我和茂哥还没拜过堂，我不是他媳妇。

［兰仙正要发话，忽然看见从厢房内走出了一个男人，没有以前茂哥的魁梧，但模样端庄，身材颀长，人很清瘦。］

刘向高：茂哥，快进来吃饭！葱花饼烙好了，就要冷了。

兰仙（看向李茂）：茂哥，他是……

李茂：向高和春桃，已经和我同住很久了。

［兰仙推着李茂进屋，屋子内桌上摆着一碗黄瓜汤，几块葱花烙的大饼，还有一碟麻酱。李茂递给兰仙吃的，两人都饿了，一起吃起桌上的食物来。饭后，李茂和兰仙相对沉默了很久。］

兰仙（看着李茂）：茂哥，这些年，你都经历了什么？

李茂：说来话长啊……我被鬼子打伤了两条腿，现在也是个废人了。

［兰仙看着李茂的身下，回忆从前，李茂四肢健全，身体强健，总是带她在乡野里劳动。］

李茂（看向窗外，晚香玉在迎风颤动）：原本我是在外面乞讨的，居无定所。是春桃把我领到这个屋子，照顾我的。春桃和我虽没拜过堂，但名义上是我媳妇。我没有了双腿，行动不方便，不想拖累春桃过日子。

兰仙（陷入沉思）：那向高是谁？

李茂（惭愧的神情）：我来这里的时候，向高和春桃就一起住了。春桃虽然嘴上不承认她是向高的媳妇，可我是过来人，看得出她对向高挺有感情的。

兰仙：你们虽然没拜过堂，但是春桃爹执意要把她许配给你的啊！茂哥！你不能因为……

李茂（打断了兰仙的话）：刘大爷当初看得上我，是因为我枪法好，身子骨硬，能保护人。现在我是个废人了，自身都难保，我想离开春桃，她已经很苦了，我不能拖累她。

兰仙（看着李茂坚定的眼神）：茂哥，我在这里无亲无故，不如，我们回去吧。

李茂（露出痛苦又仇恨的目光）：咱们的村子已经被胡子占领了，亲人又都失散了，能去哪里？

兰仙：茂哥，我有了一份工作，在北京还有个伴儿，你跟我回去，我可以照顾你的。

李茂（踌躇着）：阿兰，我到底还是会拖累你……

兰仙（热泪滚滚）：别这么说，世道如此乱，能活下来，不容易呢！茂哥，你当过兵，杀过敌，比我们任何人都强！

［春桃推门而入，端着热水盆。］

春桃：茂哥！你累了一天了，擦擦身子吧！

兰仙（望向春桃）：嫂子，我有话想对你说。

春桃（看着兰仙）：有什么要说的?

[兰仙牵着春桃的手走出厢房，关上房门。站在院子内。夏夜蝉声凄凄鸣叫着，衬得夜异常寂静。夜空中，弦月孤悬，月光皎洁明亮。晚香玉吐露着芬芳，和着叨叨话语，向着风中飘散……]

兰仙：这些日子，茂哥一直由你照顾，很过意不去。

春桃（半是苦恼半是羞涩）：虽然我和李茂没拜过堂，换过龙凤帖，我们也没同过房，我不算是他的媳妇。可于情理上……是我对不起茂哥。

兰仙：我知道，都是逃难过来的人，你的意思我懂。我想带着茂哥离开你这里，可以吗?

春桃：我可以照顾他的，我捡烂纸挣的钱，能够养活他。

兰仙：嫂子，你也不想为难茂哥，不是吗?带他离开你身边，对你，对他，对那个叫向高的，都是好事。

春桃（想起李茂用裤带把自己挂在窗棂上的那一天，眼睛湿润了）：妹妹，茂哥是好人，我对不起他。你要好好照顾他。

兰仙（望着眼前的瓦砾直出神）：明天我就带茂哥离开这里。总会有办法的……

旁白：第二天，兰仙经过胡同口，那卖酸梅汤的还像唱梨花鼓的姑娘要着他的铜碗，兰仙冲着那卖酸梅汤的笑了笑，慢慢走进了春桃院子里。李茂坐在简陋的独轮车上，在院子门前等着她。她忽然想起，大约十年前，她是个小姑娘的时候，曾看他收割高粱。迎着阳光望去，满坡的高粱仿佛和太阳一起燃烧着。而李茂裸露着上半身，魁梧地立在这片火焰之中，他手握着镰刀向上挥动，所过之处，高粱齐刷刷倒下来。兰仙看着他，有一种昂扬的激情在燃烧着，热烈的，喷薄欲出。

——佛山科技学院 2014 级中文师范 2 班　方芝凤

点评：增加人物形象也是一种解决问题的好办法，是创意的增长点。“兰仙”的出现既增加了矛盾冲突，揭示了伦理矛盾，同时又解决了“二男一女”的矛盾，让李茂有了归宿。最后的旁白设计非常出彩，有画面感和乡土气息，同时补叙了高粱地里李茂的精气神，为情节的延伸发展做了铺垫。

本章小结

本章主要从理论与实践两方面来论证、实训“创意改写”。在整个章节的撰写中遵循如下逻辑线路。首先，厘清“创意改写”的概念，指出本章的实训目的：怎样让一个旧文本蝶化、焕发出新的生机与活力。其次，论证创意原理。阐明如何在教学中激发、召唤“创意改写”的冲动；介绍成功的文本改写类型及案例，为我们的实训提供可以借鉴的历史经验；阐释创意原理：“跨”界，是文本“创意改写”的核心，也是一种突破。“界”是指以原著为依据，有“不逾矩”的成规，亦有所生发。最后，是创意改写的写作设计。我们设计了两种创意改写训练：一是诗意对接——跨文体改写训练；二是后来与未来——延说（续写）训练，即在教学实践中寻找成功的“创意改写”案例，为创意改写的教学提供可以遵循的规律及切实可行的操作方法。

练习题

1. 以话剧剧本《雷雨》为例，试着从文本的形式、内容、意义几方面来对其进行创意改写：①改变文体，将剧本转变成小说进行书写；②对鲁大海这个人物的去向进行追踪，拓展剧本的内容空间；③从宗教融合的角度来重新叙述故事、寻找原著新的意义。

2. 以小说《倾城之恋》为例，用话剧的方式追问范柳原与白流苏的婚后生活及婚姻结局。

第八章　品牌推介

一、教学要点

企业塑造自身形象和产品形象的系列活动统称为品牌推介。品牌推介文案是一种典型的生产类创意写作。

本章重在介绍品牌推介创意的根本动机、创意生成的基本要素、常见品牌推介的类型、现代品牌推介创意的发展趋势等几个方面的内容。写作设计将采用“解读—仿写—创作”的模式，引导写作者在案例赏析、创意激发、创意生成、写作练习、方案修改几个环节中培养创作品牌推介文案的能力。

二、创意原理

（一）品牌推介的基本类型

作为一种生产类创意写作，品牌推介文案旨在引起消费者的注意，引发其潜在的购买愿望，促成购买行为。引发消费者注意力的要素很多，可以概括为产品特性、消费需要与推介手段。它们是创意生成的依据，也决定了品牌推送手段的方式。

根据三要素在创意中的比重，品牌推介有三个基本类型：

（1）突出产品特性。以性能和质量为中心，针对消费者的现实需求，创意设计和手段选择以展示、强调产品的使用价值为准则。

（2）赋予产品意义。激发或满足消费者的情感、精神等非物质需求，常从产品特点引申出意义，或用特定情境给产品附加意义。

（3）强化推介方式。不显示产品特性、推销意图及消费需求，只用新奇的方式引起消费者注意；产品或意外出场，或出现在边缘位置。

（二）创意捕捉的途径

根据上述三要素构成的品牌推介创意的生成原理，我们的实训按以下路径捕捉创意思维：

（1）产品分析，包括基本用途、独有性能、感官特征、价格优势等，重点是在常规功能之外寻找创意激发点。

（2）消费分析，包括消费群体、需求类别、消费心理、消费习惯等，主要依据消费者的感性欲望形成创意。

（3）方式选择，灵活组合色彩、构图、动画、节奏、文字、神情、动作、场景、情节等元素，落实创意。

创意激发将逐渐由物质实用、精神情感转移到推介形式上，但用文案表述创意的综合效果，是中文专业品牌推介创意训练的基本定位。

（三）创意训练的方法

品牌推介文案的写作受制于产品特点和消费需求，当代消费的非实用动机正在占据优势。所以，训练必须从产品分析、消费分析出发，学习推介形式的创新；将以突出产品特征、满足实用需求为基础，以赋予产品意义、迎合非实用愿望为重点，拓展到远离使用价值、形式匪夷所思的前卫创意上来。

所有的创新都是相对于现有方式方法而言的，所有的创新都是相关元素、无关元素的新颖搭配。因此，我们的创意激发从创意模仿开始，在典型案例的欣赏中，分析三要素之间的关系，理解品牌推介文案写作的创意原理，练习创意元素和思维方式的重组与移植，在思路模仿中延伸思维、解放思维，最后做到独立创作。

三、写作设计

创意文案写作囊括实用型创意、意义型创意的训练要点，也可以对接纯形式创意。

本章的练习过程包括案例欣赏、案例分析、产品分析、思路激发、独立作业几个环节。

我们要求写作者最终熟练掌握四种方法：

（1）由产品特性引申出意义。

（2）用情境和故事赋予产品意义。

（3）用简明的语言点出产品特性与意义。

（4）用准确生动的语言把这些因素呈现为可以视听化的文案。

训练会有意识地调动写作者在文学类、影视类课程中学到的知识，练习相关的语言和图像表达技巧，如凝练主题词、设计情节、分镜头场景化描写、营造特定的氛围情调等。

（一）创意路径之一：突出产品特性

消费者购买产品的根本动机是产品的使用，产品存在的意义就是满足消费者的实用需求。抓住产品独有的特性，是推介创意生成的现实基础，也是提出创意必须具备的基本功。用独特的方式表现它，要求设计者围绕产品特性发散思维，激活自己的知识储备与艺术素养、语言能力。

1. 案例分析与创意激发

（1）直陈产品特性。

案例欣赏：

联邦快递 1974 年的推介语是“一个专为包裹的全新航线”，1978 年为“绝对肯定地隔夜送达”，1987 年扩展为“它不仅仅是个包裹，而是你的生意”，1995 年又提出“绝对肯定地随时服务”。1999 年，它推出短片《葬礼》。画面中，雇员们抬着一具棺材走向墓地。画外音：“我们聚集在此，最后一次向理查德·德夫林致敬。他无私地奉献出生命中的最好年华，为联邦快递忠实服务 25 年，从不让人失望。”这时，送葬队伍加快脚步，由快走变成小跑。画外音：“人们亲切地叫他‘准时迪克’。现在，他也不愿被人回忆为迟到的理查德·德夫林先生。”队伍大步跑起来，短片结束时字幕：“我们为投递而活，联邦快递。”①

自由讨论：联邦快递提供的产品应该具有什么特性？它满足了消费者的何种需求？以上几则联邦快递创意品牌推介语强调了产品的什么特点？推介语本身的特色是什么？

点评：四则推介语简洁地传达了联邦快递核心业务的特性（速度）、在不同时期处于领先地位的服务（航空专线、隔夜送达、全天候）、这些服务对消费者的意义。葬礼中出现了个体员工和集体员工，展示了联邦快递企业文化的不同层面：员工品质（“准时迪克”、忠实服务）、员工行为（跑步前进、快递节奏）、制度管理（员工行为暗含了企业的运作标准）和企业理念（我们为投递而活）。这些既是联邦快递的质量保证，也是对消费者的服务承诺。

---

① 酷 6 网 . http：//v. ku6. com/show/ls8wrgTAq4LU8uEw. html？ za.

(2) 现场示范功能。

案例欣赏:

由海清、郭冬临代言的汰渍广告以小区为场景。他们把很脏的衣物在含有汰渍的水中浸泡一段时间后,在几乎零揉搓的情况下捞出洗衣盆,向家庭主妇展示污水和衣物。[①]

自由讨论:为什么选择小区作推介场景?为什么选择海清、郭冬临代言?消费者对洗衣粉/液最大的期望是什么?

点评:任何一个消费者都希望洗衣粉/液能有效去污、节省体力。短片就展示了汰渍这两方面的优势。许多家庭由女性承担家务劳动,短片主要受众是家庭主妇;海清和郭冬临扮演的居家角色影响力大、亲和力强,适合代言这类产品;短片的场景热闹、人物形象热情干练,符合中国人的家庭观念。这类创意还有雕牌的推介语"天然配方、易于漂洗、冷水洗涤",立白的推介语"无磷不伤手"等。

(3) 成分表明品质。

案例欣赏:

伊利"畅轻"的《真材实料好酸奶》由高圆圆代言,采用设问方式。她欢快地拿起一瓶"畅轻",打开就喝,惊奇地睁大眼睛,嘴唇沾着乳汁发出赞叹。画外音:"怎样才算是一瓶好酸奶呢?"她认真地指着瓶子上的说明读着,"清甜黄桃"。画面切换:黄桃带着露水从叶子繁茂青翠的枝头落下,在水面跳起,变成跃动的小瓣;字幕出现"清甜黄桃"。她侧对镜头说:"有机燕麦。"画面上金黄的麦穗被风吹动,麦粒飞扬,变成满屏的燕麦片;字幕出现"高纤有机燕麦"。她接着说:"活的益生菌。"画面中牛奶泼流而出,字幕出现"丹麦进口活性益生菌";黄桃瓣、燕麦穿过奶流,在牛奶液面旋转为花瓣的形状,退出画面;瓶装酸奶出现,画外音:"伊利畅轻益生菌酸奶。"结尾,她迷醉地喝酸奶,画外音、字幕:"爱自己,畅轻来真的。"[②]

有一则多乐士墙漆的短片,由林志颖等人出演。

---

① 土豆网. http://www.tudou.com/programs/view/fITA135CJ-Q/.

② 爱奇艺. http://www.iqiyi.com/w_19rsocskw5.html.

爸爸问："怎么不高兴，再过三天，同学们要来给你过生日了。"孩子说："因为我的房间太幼稚了！"转身跑向房间。镜头转入孩子的房间：黄色偏旧的墙面，陈设略显凌乱；给日历一个特写；孩子垂头丧气地盘着腿。父母在门口看到这些，相视而笑。画外音："'多乐士'无添加科技，安全环保。"此时出现了刷涂绿色墙漆的动态背景，偏左为油漆桶，右边为字幕列表："多乐士无添加""无甲醛""无苯""零VOC"。父母挥动刷子的镜头一闪而过，一群孩子推开房门、冲进房间，兴奋地喊叫："哇，好酷啊！"小男孩张开双手，做出自信的欢迎姿势。看着小伙伴们，父子俩满意地相视而笑。画外音："用心呵护，焕新你家。'多乐士'无添加系列。"画面换为产品和字幕，在"多乐士多彩开始"、免费热线的文字标板中结束。①

自由讨论：两则短片为什么要介绍产品的原材料和成分？短片分别用什么方法展示了原材料和成分？为什么请明星代言？你更喜欢哪一则，为什么？

点评：介绍原材料、成分、配方、工艺是强调产品品质的常见手段，如"3.9克乳蛋白""百年窖址""九轮发酵"等。"畅轻"的推介把配料表还原为生动的画面，给人真实感；用明星代言可吸引观众，提高可信度；用动感流畅的慢镜头与和谐跃动的配音，可表现品牌主题。"多乐士"短片既有场景画面，也使用了成分列举，还在产品特点之外承载了两种意义：亲子关系与小朋友的"面子"。它的创意方式较为繁多，不够单纯集中，却适应国内消费者的多重需求。

（4）对比突出特征。

案例欣赏：

新百伦的一则短片先后把13只气球拴在一只耐克鞋和一只新百伦鞋上。前者静止不动，后者轻轻升起，越过楼顶，消失在空中。②

2003年，苹果公司推出12英寸和17英寸的笔记本电脑，邀请"小巨人"姚明和身高81厘米的侏儒明星韦恩·特罗伊拍摄了广告短片。他们一前一后登上飞机，各自放好行李，并排就座，相互点头致意。姚明在座位上把手伸向行李架，从包中取出12英寸的笔记本电脑，放在膝盖上打开，观看美国职业篮球比赛。特罗伊解开安全带、走下座位，从包中拿出17英寸的笔记本电脑，

① 酷6网．http：//baidu.ku6.com/watch/9109422238999384196.html？page=videoMultiNeed.

② 优酷网．http：//v.youku.com/v_show/id_XMjk1ODM5MDc2.html.

放在腿上打开，看章子怡主演的功夫片。姚明侧脸看他的屏幕，扬眉露出较为尴尬的神情。特罗伊抬头真诚地看看姚明，两人对视而笑。①

士力架的《悲摧韩剧女》《林黛玉踢足球》等短片，让原本爬不动山、踢不了球、无法做题的娇弱女子，嚼完几口士力架后马上变为男儿身，焕发活力。②

自由讨论：短片使用了什么手法？突出了产品怎样的特性？应该注意哪些问题？

点评：它们都使用了对比手法。新百伦用平实的实验式展示手法，突出了产品的轻便。但最好不要直接或暗指竞争对手。苹果巧妙利用明星的体形对比，在电脑与体形的反差中制造幽默的戏剧效果，加深人们对产品的印象。士力架短片表现了夸张的体形、力量变化，强调产品“横扫饥饿”、恢复体能的特点。新百伦和士力架这两个案例运用了幽默、夸张的创意方式。

（5）夸大产品优势。

案例欣赏：

大众高尔夫 GTI 有一场汽车“足球赛”。场上的小轿车灵活地前进、调头、刹车，用车头、车尾传球、进球。德国队获胜后，高尔夫汽车高速直线行驶、转弯，准确地停在角球位置。画外音配以兴奋的解说和沉稳的男声。③

另一则高尔夫 TSI 短片中，一只青蛙在水面静候猎物，一只苍蝇飞入镜头。青蛙迅速伸出舌头，困住苍蝇。但苍蝇奋力挣扎，拉长了青蛙的舌头，最后拖着它从画面上方飞升而去！画面切至韩语字幕，大红色的高尔夫 TSI 凹进画面深处，又从焦点驶出，身后是英文“Unbelievable Power”。画面闪动切换，分别给它的标识、车灯、侧面形象作特写。④

1996 年大众推出“惊人的普通价格”运动。看到它的价格，家庭妇女停止打嗝，牙科治疗中的病人张大嘴巴，行人撞到电线杆，顾客倒出食物看包装纸上的广告。

---

① 糖豆网. http://baidu. tangdou. com/watch/02821801875092693407. html? page = vid eoMultiNeed

② 酷6网. http://baidu. ku6. com/watch/08037174184527034920. html? page = video MultiNeed.

③ 酷6网. http://baidu. ku6. com/watch/7935777577207139238. html? page = vide oMultiNeed.

④ 酷6网. http://baidu. ku6. com/watch/06941193700902073571. html? page = vide oMultiNeed.

自由讨论：选一款车应该考虑哪些因素？这三则品牌推介短片强调了产品的什么优势？推介方法有何特别之处？

点评：用小轿车踢足球，夸张却合乎情理。大众高尔夫 GTI 是一款运动型轿车，动力强大、操控迅捷精准、换挡冲击极小、挡位切换瞬间完成，汽车足球赛体现的正是这些优点。韩国短片使用夸张的手法来表现高尔夫 TSI 的动力，最后一个短片则夸张地描述了人们吃惊的表情，传达了低价主题，充满了智慧、幽默与戏剧性。

2. 创意生成与写作练习

（1）描述一则这种类型的平面推介或视频推介。要注意产品的特征及展示和突出产品的方式方法，用准确生动的语言再现这两个要素。

（2）找一种产品或服务，写作一则品牌推介方案。

写作者可以采用这样的步骤展开创意：先分析产品的用途、外观、性能，从实用性元素开始发散思维，联想与之相关的事物、人物，再联想与这些事物、人物相关的事物、人物，在它们之间建立关联，形成有一定色彩、情感、气氛的场景、情节。根据产品特征与场景特色的结合点，确定产品在场景中的角色，用引人注目的方式突出它的特征、性能与功用。写作者既可以把创意凝聚在推介语中，也可以根据产品特性和消费需求确定核心词语，再动用联想，运用语言技巧，扩展出独立的句子或段落。

这种方法可在特定条件下结合大脑风暴和思维导图展开，以产品的实用价值和消费者的物质需求为原点进行发散思维，在相关要素之间建立联系，逐渐形成创意整体。整个过程包括凝聚（产品特性、核心词语）、发散（相关事物、相关语言）、再凝聚（众多元素构成场景特色、突出产品特性，凝练鲜明的广告语）三个环节。例如教师们经常使用的蓝牙话筒，它的基本功能是扩音、播放 MP3、PPT 指示与翻页，它的优点是功能众多、轻便易携带，它的需求人群是教师、主管、销售等。由此展开联想，弄清一系列问题：它的使用场所是……由哪些元素组成……会构成哪些动态场景……它的前代产品是什么……使用前后有何差异……

联想的同时，随手在纸上写下关键词，勾勒出它们的关系。几种创意的框架、草图就呈现出来了。接下来，把它们完善为创意推介文案或创意推介语。当然，还可以在修改时强化产品特性与消费需求之间的关联。

3. 作业案例与点评

（1）蓝牙话筒推介创意文案。

场景一：长发飘飘的气质美女老师，踩着高跟鞋，满面春风、昂首阔步地走进教室，拿出“小蜜蜂”扩音器准备上课，却被电线缠得头发凌乱、表情狰狞。

场景二：老师满面春风地走进教室，潇洒地把以前烦扰她的“小蜜蜂”扔到一边（慢镜头），拿起蓝牙话筒，笑容自信而舒展（特写）。

——邓小芳

（2）保温杯推介创意文案。

一个“不听话”的保温杯，蹦到地面上，开启了自嗨模式，蹦蹦跳跳、左右摇摆。可杯中没有漏出一滴水。它吼了一句“跟我一起摇摆”！主人被逗乐了，一起唱跳起来。主人玩累了躺在地上，打开保温杯，喝一口冒着热气的水，满足地感叹：“随时随地，温暖你我。”

——王中婷

（3）雨伞推介创意文案。

高楼的顶层，几个男人拿着棍棒、喘着粗气，对穿着黑色大衣的瘦高男子喊：“小子，看你还怎么跑。”“那你们就看着吧。”黑衣男子从大衣内侧拿出一把××雨伞，撑开，回头对着追击者说：“我先走了，拜拜。”他从高处缓缓落地，收起伞，深情地对它说：“宝贝，你不仅仅是把伞。”

——雷琼

点评：邓小芳的推介通过对比两种扩音设备的不同效果，表现出极强的画面感和动作感，蓝牙话筒的优势表现得很鲜明。王中婷的推介使用拟人手法，在强烈的动感中强调保温杯密封性好、保温效果优良的特点；推介语简明醒目，还延伸到情感的温暖。雷琼让雨伞充当救人于危难的重要道具，开发它挡雨遮阳之外的功能，用略显意外的方式突出了雨伞的质量。

（二）创意路径之二：赋予产品意义

人有感情、有精神追求，生活在一个意义世界中。实用只是人们最基本的消费需求，如果产品能够为消费者提供某种积极意义，满足或迎合消费者的感情、精神方面的需要，就能更好地激发消费者的购买愿望。

1. 案例分析与创意激发

（1）个性与自由。

案例欣赏：

“多乐士”短片《颜色禁令》以战争年代为背景。一座灰色的城市，一间公寓的窗口站着一位身着灰裙子的女士，面容忧郁。对面楼上的一位男子在窗口向她招手。她拉上窗帘，穿着灰蓝色大衣跑出公寓大门。街道一片灰色。路面的石缝长出一株黄色小花，一个小女孩高兴地向它跑去。警察的皮鞋蛮横地碾碎了花朵。突然，枪声打破街头的沉闷。警车追击一辆载满铁桶的卡车。子弹打穿桶壁，鲜艳的颜料涌流而出。颜料车前轮被击中，侧翻在地，彩色洒满大街。小桶颜料在路面滚动，有一个滚到女子脚下。她趁四周没人注意，捡起它放入大衣。回到家中，她微笑着把墙壁涂成亮丽的蓝色。然后拉开窗帘，深情地望着对面忧愁的男子。男子看到这些，快步跑下楼，来到她的房间。他们依偎在窗口，看人们把自己的房间涂成多彩的色调。画外音响起：“生活是一个故事，正在‘多乐士’中改变。”① 短片《墙壁在跳舞》则运用快镜头：城市、建筑、河流，都在镜头中迅速变动。一排接连不断的颜料桶在镜头中迅速滚动，空白的墙壁、划分色块区域的线条也在镜头中快速闪动。景物变化，镜头的一角闪现马赛、莱茵河、巴黎字样。配音音乐的节奏逐渐加快、变强。在这样的节奏中，墙壁被涂上各种鲜艳的颜色。色块以动画方式随节奏闪现，线条以动画方式随节奏流动，镜头也随节奏在不同城市切换。间或出现人们打开颜料桶、涂色、升降臂升降等快动作镜头。②

自由讨论：这两则短片表达了什么主题？与颜料有什么关系？分别运用了哪些元素来表现主题？它们的创意有何不同？你最喜欢哪一点？

---

① 爱奇艺. http://www.iqiyi.com/v_19rrhsrazo.html.

② 爱奇艺. http://www.iqiyi.com/v_19rralvgm8.html.

点评：《颜色禁令》讲述了自由和爱情的故事。其中彩色象征自由，灰色象征专制；在专制环境中，爱情黯然失色。短片体现了“多乐士”的产品定位（为你调配喜欢的色彩），赋予产品个性、自由的意义，符合当代人追求多元价值观的文化潮流。《墙壁在跳舞》采用不同的视听方式表现同样的主题。它把多姿多彩的涂鸦墙、随心所欲的颜色变化和强烈的动感结合起来，用快节奏、快镜头、画面内的运动、镜头的切换体现律动、个性、自由、活力等，既调动了消费者的感官，也打动了他们的内心。

（2）记忆与温情。

案例欣赏：

《回忆》是南方黑芝麻糊推介的经典短片。清末民初老照片风格的旧时街巷，清晨的昏黄光线下，青石板路、粉壁、台阶、深色门窗，模糊而温暖。“黑——芝麻糊嘞！”中年女性的叫卖声悠长地飘荡在深巷中。她挑着沉重而粗朴的担子，一个小女孩扶着货架的外框，紧跟在后面。镜头特写挂在担子一头的马灯。一个小男孩闻声跑出，手扶身旁的木架，脸上露出期待已久、欣喜的表情。画外音：“小时候，一听见黑芝麻糊的叫卖声，我就再也坐不住了。”画面切换：小女孩卖力地推转小石磨，一口不大的锅中熬制着黑芝麻糊，黏稠的流质表面冒起小泡，热气腾腾。中年妇女笑如春风，恭敬地把一碗黑芝麻糊端给坐在一旁的老妇人。小男孩耐心等待，呵气搓手，抵御寒冷，一副摩拳擦掌的样子。他接过碗，认真地喝完，仔细地舔碗。小女孩看他一眼，掩口嬉笑。中年妇女蹲下身子，又给他舀了一勺黑芝麻糊，帮他擦净脸蛋。男孩感激地看着她。画外音：“一股浓香，一缕温暖。南方黑芝麻糊。”画面切至袋装黑芝麻糊和广告词。[1]

自由讨论：用一两个词语概括短片给你的直观感受。从广告词来看，设计者赋予了产品怎样的意义？短片用哪些元素传达这种情感？

点评：《回忆》把产品作为情感的承载物，满足人们的怀旧心理。儿时淳朴人情的温暖，凝聚于一碗黑芝麻糊，凝聚在特定年代的舔碗动作。设计者把产品放在老照片情调的氛围中，视觉感、叫卖声与情感主题浑然一体。《回忆》二十多年来屡次播放。它所描述的环境、生活、情感已无法复原，只能为都市人提供一种悠然的、想象中的慰藉。

---

① 爱奇艺．http：//baidu. iqiyi. com/watch/082448695646336459. html？ page = vide oMultiNeed.

（3）爱情的波折。

案例欣赏：

彭于晏和桂纶镁主演了益达口香糖的微电影《酸甜苦辣》。此片分为多场。《缘起》，男女主人公在戈壁加油站偶遇，女子开始随男子游荡天涯。《苦》，故事告一段落：两人来到海边，女子不愿继续漂泊，独自离开。《酸》，暮色深沉，两人走进一家小饭馆。老板娘柔媚地迎上来："帅哥，吃点什么？"男子直勾勾地看着她："来碗拉面。"女子转头恶狠狠地盯着他，他慌忙改口："噢，两碗，两碗。"老板娘起身："好嘞！"看到旁边的瓶子，问："这是啥？"男子殷勤地拿起瓶子："哦，益达，对牙齿好的，来。"向她的手中倾倒益达。老板娘接着说："难怪你笑得这么帅。够了，够了。"女子一直恶狠狠地盯着男子。面来了，男子鼻子凑近碗沿，赞叹："正点。"女子给碗中使劲加醋。男子肆意吸溜面条，汤汁溅入女子碗中，忙说："换一碗。"她双手护住，不耐烦地大声说："不用了！"其他顾客和老板娘都回头看着他俩。她背过身大口吃面，表情哽咽。吃完赶紧喝水漱口。老板娘在她身旁放了一瓶益达："喏，这是他给你的益达。其实他挺关心你的。"女子拿起瓶子，难为情地笑了。她走出饭馆，把瓶子扔给男子。他接住，说："吃那么多醋啊！"她嗔怨地说："又不是吃你的醋！兄弟。"老板娘倚在门框，抱肩看着他俩；过来一个白发老者，她热情迎上："帅哥，吃点什么？"男子惊讶地回头去看，女子粲然而笑。《寻味》，分别很久后两人偶然相遇。女子身边有深爱她、照顾她的男人，两人开着一家饵丝店，生意红火，却各守界线。两个男人尊重女子的选择，都主动退出。最后她又一次坐上了男主摩托车的后座，开始了动荡、冒险、浪漫的爱情旅途。①

自由讨论：短片的看点在哪里？产品在剧中充当什么角色、承担什么意义？这种意义在剧中如何体现？短片播放了哪几个片段？为什么选择这些段落？

点评：这部短片集合了流行言情剧的主要元素：一见钟情、任意浪漫行走、分手意外重逢、三个人的情感纠葛。益达在剧中充当道具，成为爱的载体。片中的字幕、主题词语义双关，既指益达关爱牙齿、口腔，也指人物通过

---

① 酷6网．http：//baidu．ku6．com/watch/08066359670480076488．html？fid＝rec_ 0xAD1&&page＝videoMultiNeed．

益达关爱对方。短片表现了当代女性的情感困惑：渴望激情，却不愿过于动荡；渴望安宁，却不愿过于平淡。三角恋情让故事有起伏、有张力，心灵展示有时代感与穿透力。这类创意作品中的产品并不重要，完全可以被其他产品替换。而创意赋予产品的意义越贴近当代人的情感，产品就越能引起人们的好感。短片呈现的三角感情，既不交代由来，也不交代结果，却在最有包蕴性的时刻，给观众留下了深刻印象。新百伦《青春永不褪色》用鞋带充当了爱情的载体，与此类似。①

（4）追求与坚守。

案例欣赏：

李宗盛为新百伦110周年庆拍摄了一则长达12分钟的自传式短片《每一步都算数》。他用独白的方式回忆音乐人生的几个重要阶段：东京之旅、神奇吉隆坡、故乡台北、北方遭遇。在这个过程中，主人公由浮躁、艰难、困窘走向宁静、创新、顺畅，在放松的心态中写出了令自己满意的作品，获得了未曾在意的声誉。影片的镜头在繁华城市、杂乱小巷、喧嚣市场、温馨饭馆、安静斗室之间切换，字幕不时打出他不同时期的代表作。影片结尾，他用铅笔在纸上写下："每一个努力过的脚印都是相连的，它一步一步带我到今天，成就今天的我。人生没有白走的路，每一步都算数。"片中不时有随意的特写镜头，短暂地定格在主人公的新百伦鞋上。② 新百伦的"Let's make excellent happen"，用随机访谈的形式，展现了世界不同城市、不同行业的年轻追梦人。画面显示他们忙碌的身影、专注的操作；画外音用不同的语言说出他们的追求与感受。③

自由讨论：短片的主题是什么？推介手法有什么特点？

点评：短片的主题是追求与坚持，具有散文化的特征。整部短片是点的聚合，镜头切换较快，纪实感强，人物用口语表达了投入自己喜爱的事情时的感受；产品在镜头中较为醒目。请李宗盛代言，可以充分利用他作品的影响力和他的知名度。

① 爱奇艺 . http：//www. iqiyi. com/ad/20130617/d05aab02767d6240. html.

② 爱奇艺 . http：//baidu. iqiyi. com/watch/4930089590123832594. html？ page = vide oMultiNeed.

③ 优酷网 . http：//v. youku. com/v_show/id_XNTM4MTcxNjQw. html？ spm = a2h0j. 8191423. module_basic_relation. 5 ~5！ 2 ~5 ~5！ 6 ~5 ~5 ~ A&from = y1. 2 －1 －89. 3. 4 －1. 1 －1 －1 －3 －0.

2. 创意生成与写作练习

（1）描述一则这种类型的平面推介或视频推介。要注意：创意赋予产品什么意义，具有怎样的感情或精神，产品和它们之间有何联系，创意营造感情和气氛时运用了什么手法，产品在其中处于什么位置、充当什么角色？用准确生动的语言把这些要素和元素再现出来。

（2）找一种产品或服务，写作一则推介方案。在书写过程中可以采用这样的步骤展开创意设计：先思考产品的用途、性能、外观可以给人们带来什么方便，这种益处可体现在哪些场合，这些场合一般带有什么感情色彩或精神含义。从相反方向推想，这类情感和精神可以出现在哪些情境中，哪一种最具特色、最能打动目标消费群。根据这些要素，设定人物、故事、环境、色调、节奏、声音，设定产品在其中的角色。这是从产品出发来创设情境的做法。

还可以不考虑产品及其特点，只预想特定情境，按照常理或违反常理设想：在这样的情境中会发生什么富有情感意味、体现精神追求的事件，它们能否满足目标消费群的某种心理需求。根据这些，设定人物、故事、动作、环境、色调、节奏、声音，表现这些情感和精神。产品可以和情境有关，也可以完全没有关系；只需认真思考产品的出现方式。这是营造情境、嵌入产品、赋予意义的做法。

两种方法结合了思维导图与情境联想，经历了凝聚、发散、再凝聚三个环节。但后者与产品的关系不大，可以较自由地运用思维风暴来催生创意。需要强调的是，如果推介选择了纯语言形式，意义赋予和产品特性之间的关系要紧密自然，语言要简洁明了。

比如在雨天，可以想到雨天的用具：雨伞、雨鞋、雨衣……思考它们的用途，赋予它们情感意义、精神意义。像亲情关爱、雨中情缘，比如多彩雨伞所象征的青春个性、雨衣雨鞋的防水功能象征青春的无所顾忌；比如由雨伞联想到遮阳伞，再联想到伞的遮挡功能，可以由这些功能产生意义、情境。也可以把雨天仅当作情境，想象在这种情境中发生的故事，挖掘故事的意义，把产品合理地安排在其中。

3. 作业案例与点评

（1）框架眼镜推介创意文案。

画面一：女生暗恋心仪的男生。一天女生看到男生打完篮球向她走来，激动得隐形眼镜掉了下来，眼前一片模糊。这时男生向她递过来一副眼镜，说“戴眼镜的你也很好看”，转身离开。

画面二：女生去眼镜店配了一副好看的黑框眼镜。

在图书馆找书的时候，眼镜不小心掉下来。恰恰是她暗恋的男生帮她捡起了眼镜，两人相视而笑。

画面三：两人牵手在校园里散步，身边闪过各种风景。

推介语：从你的全世界路过，透过眼镜看你的美。

——施多婷

（2）雨伞推介创意文案。

多雨的城市。女生忘记带伞，跑到超市买伞。男生也在买伞，两人看中同一把伞，指尖相触，惊讶地抬头互望，相视一笑。女孩希望再遇男孩。又一个雨天，女孩在教学楼等待那个他，他却许久未来。女孩准备冒雨离开，突然发现了熟悉的身影，既开心又害羞。男孩对她说：“感谢雨天让我再次遇见你。”

推介语：一把雨伞撑出浓情你我，让雨天不再成为爱的负担。

（推介语修改版：一把雨伞，一次回眸，一种思念，一往情深。）

——彭慧

点评：两则创意文案都把产品放在校园恋情的背景中，让它们充当爱情的媒介和载体。框架眼镜和隐形眼镜各有优势，想要有效推介框架眼镜，就必须强调它的非传统功能（提高视力以外的功能）。这个题目的意图就是挖掘产品价值，赋予其意义。施多婷用隐形眼镜的常见问题反衬框架眼镜的安全方便，并强调它的装饰功能，把这两点设计为爱情发生的契机。她的推介语套用热播都市爱情片片名，用双关语点明了双方的相互欣赏与爱慕。彭慧设计的两个场景同时考虑到了雨伞的实用功能和意义增值。其修改后的推介语，简洁地概括了爱情的进程，句式整齐，量词恰当，易读好记。

（三）创意路径之三：强化推介方式

购买是最终目的，但人们往往因与产品无关的原因而关注产品。推介手段有时比推介内容更重要。它给人们以娱乐享受，带给人们心灵冲击。推介创意可以在形式上下足功夫，用另类的方式引发人们的消费行为。

1. 案例分析与创意激发

案例欣赏：

可口可乐的短片《饥饿游戏》中，女子在丛林被追杀，口渴难忍。上空掉下一个布包，里面是一罐可口可乐。她打开它一饮而尽。这时，一个男子拿刀向她扑来。她急中生智，用手中的易拉罐制服了男子。①

在这一推介创意中，种族、战争、疾病等世界问题占据了短片的主体，产品和相关文字几乎完全消失，只在不重要的地方留下品牌标识。它用触目惊心的方式展示了世界上的各种痛苦，不像常规推介那样令人快乐愉悦。

自由讨论：

点评《饥饿游戏》，说说你的感受，谈谈它可能产生的效果。这一推介创意靠什么引起人们对品牌的关注？

要点分析：

短片《饥饿游戏》有动作大片的特点，在很短的时间内制造紧张和意外，极具娱乐性。听装饮料在片中充当道具，既体现了其自身定位，也有让人难以料想的用途。

这一推介不着意于推销自己的产品，只把产品标识放在公益画面的角落。但是它想表达的社会道义和人文关怀，无疑给人留下了品牌负责任、有担当的印象，让人感觉值得依赖。它用社会问题吸引观众，把依赖感抛进观众的心中。

2. 创意生成与写作练习

写作者可以随意找一种产品，然后创作一则只注重形式的推介方案。

在创作过程中可以运用头脑风暴，自由展开想象，把精力放在吸引受众的新奇方式上。既要敢于采用超常规的方式，也要洞悉人性中微妙的东西。关键是要考虑好，产品以什么方式出场，用什么方式让受众关注到品牌。还要注意，不是所有人都欣赏另类推介，必须清楚受众的接受能力。

---

① 搜狐视频. http：//my. tv. sohu. com/pl/5621040/17140196. shtml.

本章小结

品牌推介创意的训练，需围绕产品、需求、手段三者的关系展开。三种类型之间不必有严格的界限，可以在同一时段赏析不同类型的案例，为一个产品设计三种不同类型的创意。纯形式创意不可操之过急，要基于写作者综合素养的自然练就。

题目设置要紧扣三个要素，但产品最好随机选择，让写作者拥有把握产品功能、挖掘品牌价值、赋予其意义的自由空间。练习既主张一题多创意，也鼓励对初稿进行讨论修改，强化创意亮点，突出画面感和戏剧性，凝练语言。

突出产品特性、赋予产品意义、强化推介方式的手段是无穷的。要针对不同产品、不同群体，灵活处理各种创意要素，既尊重品牌推介的实用定位，又不受成规的局限，写出最适用的创意文案，才是训练要达到的目标。

练习题

1. 选一则平面推介或视频推介，从产品特性、产品意义、推介方式三方面分析它的创意特点。

2. 在分析所选推介创意特点的基础上对产品进行生动的描述。

3. 分析某产品的特征和性能，分析其目标消费群的消费心理、消费习惯、情感和精神取向。

4. 为该产品写作推介方案。

第九章　活动策划

一、教学要点

活动策划案是一种典型的生产类创意写作文本，它是创意活动的预测和策划。

在本章的写作练习中，我们将首先了解常见活动策划的类型、活动策划方案包括的基本内容和写作要点，即了解这种写作类型的“成规”。然后，希望学习者能够结合案例分析“创意介入活动策划”的方式与类型，进而从活动策划的特征、目的或诉求出发，了解活动策划案出台的过程。

二、创意原理

（一）文类成规

活动策划案是一种应用广泛的生产类创意文本。小到班级、社团的专题性活动，大到综合性的商业或文化活动，活动策划者都需要制定相关文案。它是活动的灵魂及行动指南。按照活动内容，通常把活动策划分为商业营销活动策划、文化公益活动策划、节日庆典活动策划等。虽然不同类型的活动策划各有指向，各具特色，但从总体上也呈现出一些共同特征：

第一，活动策划具有明确的目的性。商业营销活动策划的目的一般是产品宣传或品牌推广；文化公益活动策划有丰富精神生活、传达某种理念的诉求；节日庆典活动策划则是为了活跃节日气氛等。当然，不同类型的活动尤其是大型活动，其目的并非单一的。如一些文化旅游型活动借助文化名片的塑造，达到旅游宣传和文化推广的双重目的。一场活动往往需要调动相当的人力，耗费相当的资源和经费，所以在活动策划案的撰写阶段，策划者需要明确目的，紧紧围绕目的去展开创意。如果策划的时候主题不明确、目标模糊，即使活动很热闹，但收效甚微，那么这个活动在某种程度上也是失败的。

第二，活动策划具备一定的传播性。不论目标人群的类型为何，活动策划都要尽可能地运用各种手段扩大活动影响。聚焦于这个特性，策划者在撰写活动策划案的时候需要考虑如何最大限度地调动各种传媒手段，使活动具有传播辐射性。

第三，活动策划具有可执行性。活动策划案是需要付诸实践的行动指南，它的最终呈现方式不是活动策划的文本，而是活动本身。所以在注意活动内容和方式创意化的同时，活动策划者还必须考虑到创意的可实现性，其中也包括经费预算限制等。

除此之外，活动策划还具备计划性、周密性等特征，这些也反映在活动策划的内容安排和组织方式上。

了解以上活动策划的规律，我们便可以在“成规”的指导之下，探索活动策划的创意规律，展开有效的写作。

（二）主题：创意凝练

所有的活动一般都会围绕一个确定的主题展开。这个“主题”是活动的目标与诉求的外在呈现。把一个直接性的、功利性的诉求凝练为可被接受的、具有参与性的活动主题，是一个创意灌注的过程。

创意主题的凝练是活动策划的灵魂环节，结合活动策划的特点和要求，在这里，我们将提供几个创意凝练的途径。

1. 一个好故事

一个活动如果能够有一个好的故事来包裹，往往会有出彩的效果。故事本身的传奇性、审美性，让抽象的理念有了生机和活力，以“润物细无声”的方式被人接纳。比如，在商业活动策划中，策划人如果能围绕品牌、产品、企业家创造出一个好故事，那么活动就增加了一分“吸引受众、引发共鸣，传达企业理念”的可能性。

2. 动起来，更精彩

体验性与参与性会增加创意活动的影响力。一份有创意的活动策划案，最终指向的是一个精彩的创意活动；因此直接的、人与人之间的互动参与就很重要了。创意活动不是一个简单的输出行为。活动的主题如果能够有效地突出人群的体验性、调动受众的参与度，则容易实现创意。

3. 闪亮你的眼

注重“视觉化”与“冲击力”是产生创意的有效建议。如果说讲故事是从内在方面来进行价值与理念传达，那么充满冲击力的视觉效应则是以直观的方式来夺人眼球，从而使活动有足够的吸引力，这是活动成功的保证之一。

创意主题的凝练方式是多种多样的，除了上述几个方法，常见的创意方法还包括新兴科技手段的应用、时尚热点的追踪等。下面，我们将在具体案例中呈现。

（三）方式：创意传播

活动策划的其中一个特征是注重传播性及活动的影响力，所以创意传播方式的采用也是创意策划的一部分。从传播学角度来说，传播的目的有几个层次：最基础的是实现目标信息的传递，更深层次是有情感共鸣，最高层次是精神凝聚——如通过创意传播达成对某一个品牌精神的塑造等。

只有传播方式多样化，传播效应才能最大化。可利用新媒体手段来实现大规模传播、加强传播过程中的互动性与参与性，运用新科技手段突破传播常规，为活动策划提供了创意突破的重要途径。互联网与移动客户端的大规模普及、便携式分享和互动的实现，为传播方式的创意化运用创造了更大的空间。以著名的“冰桶挑战”活动为例。其创意的一个立足点在于主题内容上对弱势群体的关爱，但这个活动的另一个成功的原因在于它利用了 Facebook、微博等社交平台，以及明星号召力所达到的惊人的传播力和影响力。

（四）目的与价值：创意的聚合点

在活动策划的创意写作过程中，始终有一个活动诉求与创意之间的互动关系存在。从形式上看，完成一份活动策划案是对策划各部分内容的填充，但根本上却是一个从凝聚创意到创意设想实现，从而达到活动目的的完整行为。活动策划的创意，是围绕着如何有效达成活动目的、如何获得传播效应、如何实现创意等维度展开的。

无论是从主题的凝练体现创意，还是以传播方式来体现创意，策划者最终要将创意与活动的目的、价值联系起来。实现目的和价值是前期创意生成的方向指导，也是创意实现的途径。

三、写作设计

本章的写作设计，主要分几个步骤展开：

第一，熟悉活动策划案书写的基本规范。

第二，通过对优秀的活动策划案进行分析，让学生感受并总结活动策划创意展开的模式。

第三，以这些创意激发模式为工具，在给定情境的条件下通过刺激、模仿等方式激发写作者的创意思维，从而完成写作。

（一）观摩书写规范

导语：4 月 23 日是“世界读书日”，整个社会也都在倡导“全民阅读”。最近，电视台也出现了很多倡导阅读的节目，比如《朗读者》等。如果让你为学校的读书日撰写一份活动策划案，并且要求活动有特色和亮点，能够激发大家的阅读热情、形成浓厚的读书氛围，你会有哪些想法？

接下来教师将引导写作者展开讨论，并鼓励他们积极思考。

我们将通过案例，来了解活动策划的大致写作规范和创意施展方式。

案例一：

××师范学院国学研讨会、心理健康协会“世界读书日千本精品书籍互赠活动”策划方案

一、活动目的

为了引导大学生走进图书馆，以书为友，养成多读书、读好书的良好习惯，努力为大学生营造积极向上、清新高雅的校园文化氛围，帮助大学生提高人文素质，提升阅读品位，共建和谐校园，特举办“世界读书日千本精品书籍互赠活动”。世界读书日，让我们用书籍构建文化长城，用知识激发智慧泉涌。

二、活动主题

图书互赠飘书香　知识洒浸玉师园

三、活动时间

2014 年 4 月 23 日 10：30—18：30

四、活动地点

篮球场

五、活动对象

××师范学院全体师生

六、活动单位

国学研讨会、心理健康协会

七、活动流程

（1）邀请路过的同学填写自己最爱的三本书的名字。

（2）在校学生拿自己的一本课外书交换新书《体验的智慧》。

（3）后面来换书的同学既可以交换《体验的智慧》，也可以交换前面同学所交换来的书籍。

（4）邀请换书的同学在横幅上签名。

（5）统计出全校最受欢迎的十本书并以海报的形式公布。

（6）签名横幅展示三天。

八、前期准备

（1）横幅的制作。横幅内容包括：① 牵手好书　亲近美文　让知识伴我一生；②图书互赠飘书香　知识洒浸玉师园；③世界读书日，腾讯微视伴你读书！

（2）提前三天进行海报、微博等宣传。

（3）活动当天，提前做好准备工作，如横幅、桌椅、书籍的安置与摆放。

（4）准备好便利贴和笔等文具。

九、应急预案

（1）留意天气预报，随时观察天气变化。

（2）准备好帐篷，如遇下雨，则搭起帐篷。

十、经费预算

物品	单价（元）	数量（个）	费用（元）
横幅	45	3	135
便利贴	3	10	30
签字笔	2	10	20
帐篷	20	1	20
马克笔	2	5	10
合计			215

国学研讨会、心理健康协会

2014 年 4 月 15 日

这是一份常见的校园活动策划案，它向我们展示了活动策划案的大体格式和活动策划所涉及的核心内容：首先，策划案要有一个简洁明了、鲜明醒目的标题，使人了解活动的主题。其次，策划案将依次介绍活动目的、活动主题、活动时间、活动地点、活动对象、活动单位、活动流程、前期准备、应急预案、经费预算等内容。一份好的活动策划案，并不是对这些部分进行简单的填充。在活动策划的构思阶段，策划者首先需要明确的是活动目的及预设效果，然后考虑如何尽可能地实现这种期待。

案例一是一份“世界读书日”的活动策划案，这个活动的目的是引导大学生多读书、提高他们的文化素养。这个活动的创意在于通过相互赠书、签名、设置排行榜等方式，增加活动的新鲜感、提高大家的参与度。很多类似的读书活动都是通过增加活动内容的丰富性和层次感，给目标人群尽可能多的选择来激发他们的兴趣，提高他们的参与度。这个策划案中活动形式丰富，具有创意，但创意的突破性和震撼性不够。

（二）案例解析与拓展练习

在这一部分里，我们将通过对成功案例的解析，引导大家了解、思考、总结它们的创意介入方式。在熟悉几种有效的创意生成模式之后，写作者可以此为切入点，去捕捉创意。

从创意思维激发角度而言，这里有一个思维横向迁移的过程。

案例二：

“书不等人”活动

首先，我们来观看两个视频。第一个，阿根廷 Eterna Cadencia 书店的创意图书营销活动“书不等人”[①]。这个活动尝试用一种新型油墨印刷出版了一位拉丁美洲新人作家的文集。塑料密封的文集被打开后，油墨一旦接触阳光和空气，文字就会在2个月后完全消失，让读者不得不在购买书籍后抓紧时间阅读。这本特别的书迅速引发了广泛的讨论，为新人作者带来更多的关注，无形中也提高了该书店的知名度。

与此类似的活动创意还有 James Patterson 新书创意宣传活动[②]。这是一个推理小说作家，为了推广他的书，他做了一项特别的宣传活动。这个活动有两个设计，第一种是开放 1 000 个名额可以下载该书的电子版，然后从点击时开始计时，24 小时之内必须读完，若未读完，剩余未阅读部分的内容就会消失。

活动的另外一个设计更具有“爆炸性”，他们拍摄了一个电影感十足的宣传短片。片中一开始充满凝重紧张的气氛，一个人全副武装，戴着头盔打开一

---

① 网络广告人社区 . http：//iwebad. com/case/1517. html.

② 优酷网 . http：//v. youku. com/v_ show/id_ XODc5MTAyMzY4. html.

本书在阅读，书的上方有一个红色的倒计时装置，后面更多不同的人紧张地翻阅着图书，时间结束书籍会自燃且爆炸。为了配合短片中的创意，他们还特地开发了类似这样的限时阅读爆炸书籍，但需要花29万美元才能拿到这本书。当然，爆炸会考虑到效果和安全等因素，这个活动创意一出来，作家和新书都得到了社会广泛的关注。

请大家思考：

（1）本案例与案例一相比，它们的差别在哪里？

（2）哪个活动更吸引你，哪个活动更有创意？

（3）请进一步思考：更有创意的活动是如何实现创意的，它的生成方式与渠道是什么？

在这个对比和思考的过程中，老师已经开始有意识地引导写作者去感知创意思维的发生。

点评：案例一活动的手段和方式是常规的，而案例二胜在突破常规，能激发人的好奇心且利用了社交网络进行大规模的传播推广。

案例二的创意生成首先有赖于更明确、具体的目的。案例一带有公益性质，目的也较为笼统。案例二虽也为刺激读书，但是诉求不同。其最终目的是希望通过该活动扩大影响力，增加书籍的推广与销售。

同时，案例二创意的切入点也更有针对性，即具体地针对现实中人们不及时读书的惰性心理。因为针对性强，所以创意也相应更加突出，效应也会被放大。

从创意的实现方式及活动的内容安排上看，案例二的突出之处在于运用超常规以及最新科技手段来增加新奇感，使活动新颖独特。这能够极大地突出活动的亮点，提升关注度，但由于这些科技手段尚未普及，所以制作成本一般较高，产品的大规模体验与参与受到限制。

案例三：

“冰桶挑战”活动策划

ALS冰桶挑战赛简称“冰桶挑战赛”或“冰桶挑战”，活动旨在让更多人知道被称为“肌萎缩侧索硬化症”（即“渐冻人”）的罕见疾病，同时也达到募款帮助此类病人治疗的目的。活动的内容并不复杂，要求参与者在网络上发布自己被冰水浇遍全身的视频内容，然后该参与者便可以要求其他人来参与这一活动。活动规定，被邀请者要么在24小时内接受挑战，要么就选择为对抗此病捐出 100 美元，或两者都做，完成后还可指定 3 名挑战者。①

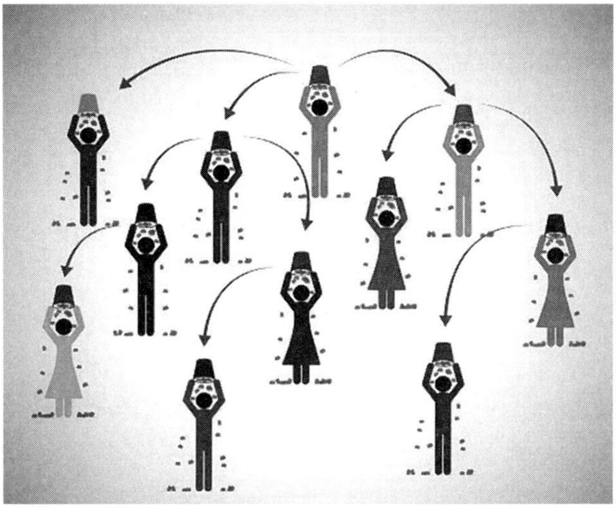

冰桶挑战活动传播图

冰桶挑战活动在全球引发旋风，吸引了世界范围内科技界、体育界、演艺界等各界知名人士和普通民众的广泛参与，效果十分突出。据统计，在美国最终通过该活动募得款项达 1.15 亿美元，170 万人参与了挑战，250 万人捐款。在中国，活动开始的半个月内，相关慈善基金会善款就是上一年整年善款额的 5 倍。毫无疑问，从一个活动的影响力和传播性来说，冰桶挑战活动相当成功。

请大家思考：这个活动突出之处在哪里？创意思路是什么？

点评：这个活动的创意并不复杂，但行之有效，其要点在于：

（1）名人示范效应。众多有一定影响力的名人、明星的参与有效地提升了活动的知名度。

（2）Facebook、微博等社交平台的传播效应。冰桶挑战活动规则要求“自己参与”并号召三名好友加入，通过社交平台宣传发酵，影响力惊人。据统计，Facebook 中参与该话题的人达到了 2 800 万，微博上阅读人数有 45.5 亿，回复有 417.2 万条。

这个活动通过社交平台和名人效应促进传播，调动起人们广泛的参与性来

① 腾讯网. http://tech.qq.com/a/20140814/059654.html.

撬动创意。这种模式后来也屡被效仿，如微博上流行起来的微笑照片传递活动等，其创意机制正是现代社交平台的快速传播和平等参与。但这些活动有些不是有意的活动策划，影响时限有限，但创意模式类似。

通过以上案例我们将设定情境，请写作者参与一次模仿迁移练习。

情境：学校正在倡导开展“美丽校园、人人参与”的活动，如果你是活动的策划者，请思考并借鉴案例中的方式，设想出一些具有创意性的推广手段。

练习目的：写作者能比较好地完成创意思维的横向迁移，初步领会从传播方式上体现创意的活动策划表现方式。

作业示例：

（1）在社交平台上传自己参与美丽校园行动的照片并圈出接力同学。

（2）上传自己发现的校园最美时刻的照片，号召其他同学寻找同样的角度拍对比照。

（3）拍摄微电影，聚焦大家参与美丽校园建设的平凡时刻；发布到公共社交平台上，唤起同学对校园的自豪感。

案例四：

西捷航空圣诞奇迹①

这一天是圣诞夜，就在这块土地上，来自西捷航空的小伙伴们有一个非常具有创意的计划。在飞行的前一天晚上，旅客们各自安睡在床上，对旅行的幻想在他们的脑中游荡。此时，在机场的跑道上，一些奇怪的礼物已经摆放在指定位置，等待着给乘客们送去“惊喜”。

第二天，候机中的乘客们看到了一个蓝色的巨型礼盒，上面有一个电子显示屏。只需要扫描自己的登机牌，屏幕中就会出现一位圣诞老人，他会同你进行对话，问你想要什么圣诞礼物。乘客们被吸引，纷纷扫描自己的登机牌与圣诞老人进行有趣的对话。大家的心愿礼物五花八门，有小汽车玩具、袜子和内裤、平板电脑，大屏幕电视机……这位圣诞老人收集到了一条长长的礼物心愿单。

在收集到这些信息的同时，西捷航空的工作人员就开始了紧急购物，他们马不停蹄地包装并写好对应的名字。当航程结束，飞机降落，乘客们像往常一

① 优酷网 . http：//v. youku. com/v_ show/id_ XNjUyMzQwMjI0. html.

样在传送带旁等待自己的行李的时候，节日的音乐响起，空中飘起雪花，圣诞奇迹出现了！

一个个包装精美的写着对应名字的礼物出现在传送带上，可以想象，几个小时前或认真或调侃地对着圣诞老人许下的愿望成真时，乘客们将收获到怎样的惊喜和感动。工作人员说："这不仅仅是让你们开心，而是让我们明白当我们齐心协力时，奇迹就会发生，这就是西捷航空圣诞奇迹活动。"

请大家思考：

（1）这个活动的创意在哪里？

（2）活动营造的"奇迹"是如何被点燃的，根本原因在于抓住了人们的什么心理？

点评：这是一个非常成功的节日营销活动，它的形式并不花哨，也称不上多姿多彩，但仍给人创意十足的感觉，其诀窍就在于它有故事的包裹和梦幻的展开。

创意切入的内在角度是真切的情感共鸣，击中活动对象的内心。同时，活动的过程设置和细节安排也很精妙。

在传播层面上，利用特殊时机和特定场景激发促使活动对象参与互动，最后成就极具话题性的"圣诞奇迹"被口耳相传，继而有后续网络上的自主扩散与传播。

这个案例的活动创意是使用"感情牌"。在活动策划中，以真挚的感情为切入口的创意并不鲜见，但如何抓住普遍的感情期待或者特殊人群的感情需求就显得很重要了，抓住了情感痛点并掌握了具有针对性的满足途径，活动往往就会有出人意料的效果。

基于此案例，我们设计如下的课堂练习：

每人找出一个你看过或了解过的，从情感角度切入的具有创意的活动方案。陈述所选中的方案，与同学们讨论分析"情感"与"创意"是如何结合产生最佳活动效果的。

作业示例：

歌手陈升演唱会情侣套票营销活动。为了呼应"明年你还爱我吗"的演唱会主题，陈升团队推出颇具创意的"情侣套票"活动，提前一年预售演唱会的门票并仅限情侣购买，一份情侣券分为男生券和女生券。恋人双方各自保存属于自己的那张券，一年后，两张券合在一起才能起效。

点评：这是一场成功的利用恋爱心理的创意营销活动，形式很新颖，提前一年售票，与主题“明年你还爱我吗”相对应，既能吸引观众，又引发了人们很多情感上的共鸣，这就是一个把感情因素和创意形式结合较好的案例。

墨尔本的铁路运营商曾策划“歉疚之旅”的活动。为了改善淡季客源不足的状况，运营商策划了一场弥补歉疚，回家看望父母的活动，针对的是大城市里因工作疏忽家中父母的人群。通过暗示父母年纪渐老，生活孤苦，思念孩子等具有感情化细节的广告投放和一张特殊的“Guilt Trips”的打造，成功改善了淡季客源不足的情况。

点评：该活动的创意同样在于感情牌的使用，成功之处就在于精准洞察了目标人群的感情状况，把活动诉求很好地隐藏在了感情的外衣中。

案例五：

可口可乐世界杯环球之旅活动

可口可乐公司与国际足联联合举办了2014年“FIFA世界杯环球之旅”活动。此活动内容极为丰富，除了在世界各地展示大力神杯，吸引球迷的参与，还举办一系列相关活动。如同期发布可口可乐世界杯主题曲；倒计时150天时推出可口可乐世界杯特别纪念款新包装；倒计时60天时展示世界杯主题广告；组织世界杯揭幕战前的“快乐之旗”活动等。

这些活动的思路都是把可口可乐与世界杯赛事紧密联系在一起，巧妙地把球迷对赛事的热情和可口可乐的产品宣传及品牌推广结合起来。

可口可乐世界杯纪念包装

球迷肖像“快乐之旗”

点评：案例活动策划的创意是追踪热点，找热点蹭热度，找到目标诉求和热点之间的有效结合。

世界杯不仅是全球瞩目的赛事，球迷众多、关注度高，而且其举办时间也恰好是饮料的销售旺季。借世界杯的东风宣传产品、促进销量是该活动的主要诉求，活动的创意均是围绕此而展开。

借助热点突出自身的创意路径，是一种比较方便学习和借鉴的模式，在现实中也运用得较为普遍。就此案例来讲，其关键点在于如何恰到好处地实现目标对象与热点的有机结合。在可口可乐世界杯环球之旅活动中，可口可乐借热点而未喧宾夺主，通过热点活动传播企业文化，同时通过线上活动搜集了客户信息，以一种较为隐形的方式完成了宣传目的。

在本案例的解析之后，我们将进行一个延伸练习。

请写作者们从身边的社会热点着手，以这种方式增加活动创意。以新闻“中国留学生失踪案引发了各方关注”为例，就此开展特殊情况下女性自救策略活动策划案的讨论。

活动的方式丰富多样，创意的形式也多彩缤纷。除上述我们提及的案例，还有一些常见的创意介入活动的方式，例如：

挑战传统、刻意制造话题。某茶叶公司曾策划采茶活动，制造新闻爆点，博取关注。这种方式因为争议性大，虽然达到了一定的关注度，但是负面效益也很明显，考虑到活动的诉求，应当谨慎使用。

制造突发情况、突出震撼效果。近些年来频频出现一些颇具特色的“快闪”活动就属于这类。“快闪”本来是一种自发的短暂行为艺术，现在有些活动也借鉴这种方式，以出人意料的方式给人冲击。

通过以案例带动创意思维的延伸锻炼，我们希望写作者了解活动策划写作中的几种创意获得的方式。接下来，在给定情境的前提下，请写作者发散思维，采用或结合多种创意方式，正式撰写一份较为规整的创意活动策划方案。

撰写之初，可以考虑不设定情境的细节，或给定发挥空间较大的情境，使写作者的创意思维尽可能敞开。试以以下情境为例。

情境：手边的一瓶水为某公司的产品，为了推广该产品，公司欲组织相关推广活动，请你制定出相应的活动策划方案。

要求：请写作者尽可能打开思路，结合产品特性和活动诉求，再参考案例中所述的创意切入方式来撰写活动策划。

建议以 5 人为一策划小组，在 10～15 分钟内进行小组讨论，拟定本小组活动创意的思路与大致的展开方式，写出简单的活动思路梗概。

作业示例：

小组 1：我们准备举办一场主题为“沁醒——疲惫与梦想”的城市接力跑活动，以手中的瓶装水为接力棒，在环湖中路展开，随机将手中的水传递给你想激励的人，参与的人可自行决定奔跑长度（为了提升参与度，适当限制距离，如 200～1 000 米），结束可领取活动纪念版××牌水两瓶，有专属姓名编码。前期在大学校园宣传，后期通过传统媒体报道和自发传播扩大影响力。

点评：活动创意是提升参与度，让更多的人动起来，可实行性较好。某种程度上也结合了健康生活的理念。

小组 2：我们活动的主题是“你想脱单吗？用我来表白吧”。我们设定这瓶水的独特之处在于瓶身的发光设计以及水颜色的改变，它可以根据外界温度的改变和有规律的声音的传达而呈现出相应的色彩变化。前期可以在校园中拍摄用这种水排成心形的表白视频，女生手握水放在胸口时水变成粉红色。推出“发光表白水”的概念，在微博上进行传播，后续再开展一系列的商场营销活动等。

点评：这个活动创意不仅加入了科技元素，而且与产品特性结合得很好。

小组 3：我们的活动设想是一系列的，主要的创意思路就是围绕“一瓶水是如何诞生的”（或者是“我是如何来到你身边的”，这一点还需再斟酌）而展开。拍摄一组故事片，采水的、设计包装的、检测水质的、送水的分别选择一人，以他们的视角讲述他们与水的故事。然后在各大媒体平台播放，后续可以再开展“讲述你与这瓶水的故事”主题活动，保持公众的关注热度。

点评：这一活动是围绕着“一个好故事”的创意思路展开的，想法不错，后续怎么讲好故事，使其有感染力是需要进一步思考的问题。

小组 4：我们的活动主题是“小燕子问：今天你喝水了吗，要喝××水哦”。以《还珠格格》中小燕子的“喝水论”为导入情境，吸引关注，聚焦的重点是喝××水，健康的水。以“健康的水”为活动的内在传达理念。活动的具体展开方式是请购买者参观××水工厂，亲自体会一瓶适合饮用的放心水的生产过程。

点评：这一活动设计的创意点不少，但未形成一体化，主题不是很集中，还可以再凝练一下。

总的来说，从写作反馈来看，写作者基本上能掌握活动策划创意激发的几种方式，但是对这些模式的学习尚存有简单模仿的痕迹，后面可以进一步启发引导。

针对练习情况，在课堂上可展开小组讨论并打分，选出最佳创意活动策划前三名，分析各组策划的优点与不足。

建议写作者课下学习与观摩“农夫山泉”的“寻源活动”营销策划，将其与自己的方案做比较，进一步掌握和了解活动策划创意激发方式的运用。

本章小结

内容活动策划，是一类实用性较强的写作文本。写作者需要紧扣活动目的，注重创意与目的之间的关联。创意的方向在于创新活动方式、增加活动的传播性、降低活动参与群体的门槛，调动目标对象的参与性等。创意与目的两者有机结合，活动才能收到最好的效果。

具体来说，活动策划的创意方式是多样的。例如：故事性的主题；有冲击力的独特表现形式；较强的传播性、可参与性与互动性等。从这些途径到具体创意的激发与生成，需要写作者丰富的知识储备和灵活的思维转换。

通过本章的写作学习与实践，希望学习者得到的收获有：①了解一份规整的活动策划方案的特征与构成；②学习活动策划创意激发的规律与常见模式；③将所学内容融会贯通并能根据实际需要撰写创意十足的活动方案。

练习题

班级同学进行分组，以 4 ~ 8 人为一个策划小团队，为你所在的城市拟订一个旅游宣传互动策划主题。小组内部提出多个策划思路后，进行讨论筛选；再融合各人创意，最后制定一个活动宣传方案。

第十章　口述实录

一、教学要点

早在文字出现之前，人类就通过口口相传来记事述史、表达情意，从古希腊的《荷马史诗》，到至今活跃在西非等地的说书人，以及我国那些一度没有自己文字的少数民族，曾经都靠口述来收集资料、传承历史。媒体报道的新闻采访，也靠“口述实录”来完成。

口述实录是一种非虚构写作的类型，它在实践上要求写作者尽量放空自我，在资料搜集的基础上完成客观的观察与访谈工作；在写作上要求写作者去完成一次“对话之旅”，以精准的语言去如实记录口述者所表达的内容。在口述实录写作中，访谈的对象往往是创造性语言的制造者，而我们则是创意的记录者。

通过本章的学习，我们希望写作者首先获得策划能力或者说选取典型的能力，其次是提升理解能力，最后才是提升语言表达能力，尤其是当口语表达不完全吻合书面语规范时。比如，当许多少数民族语言没有相应的书面文字的时候，如何找到书面语与原生态语言之间的平衡点就成为重要的工作。

本章口述实录的写作训练，将从策划开始，依次走过“访谈设计—进入访谈—资料的文本化”几个阶段，来达到“口述实录”的彼岸。

二、创意原理

（一）创意的来源

口述实录是一种非虚构类的写作，它同时依赖于访谈实践。

在选题上，我们可以借用“新闻价值”这个视角，来选择访谈的对象、拓展访谈的深度。所谓“新闻价值”，是指新闻事实中所包含的“满足社会需求的素质”的总和。判断新闻价值的标准有五个：新鲜、重要、显著、（心理或地理上的）接近性以及趣味性。一个人或一件事所包含的价值要素越丰富，级数越高，被访谈的价值就越大。而挖出“新闻价值”，就是口述实录的创意所在。

访谈的过程中需要凝结注意力，从哪个角度提问和写作，如何把受访者个人的经验与大众的兴趣点关联起来，这是访谈者的创意生发点。

我们采访一个人，一定是因为他（她）身上的某种特质引起了我们的注意，触动了我们的思维，我们想要了解，想要倾听。[①] 而且他（她）所“述”的内容，也是其他人愿意甚至必须了解的。

因此，在开始访谈之前，我们必须先考虑以下几个问题：

（1）这事有多新鲜？

（2）这事/人有多有趣？

（3）这事/人有多重要？

（4）这事/人会有多少人关注？

如果所有问题的答案都是肯定的，便是有价值的，那就勇往直前吧。

口述实录由访谈开始。为什么访谈此人、此事、此题材？值得访谈的价值在哪里？本次访谈的主题是什么？从哪个角度提问和写作？如何把受访者个人的经验与大众的兴趣点关联起来？如何围绕上述问题来拟访谈大纲，以确保访谈顺利进行，达到预期目的？……这些都需要能动性，也就是创意。

当然，跟虚构文学的“想怎么写就怎么写”相比，口述实录的创意只能是对事实“能动”地挖掘与表现，是“戴着镣铐跳舞”。

（二）信息获取：访谈

访谈是口述实录的基础。没有访谈，就没有口述实录。

在英语中，“访谈”写作“interview”，它由“inter”和“view”两部分组成。“inter”是要抵达现场，进入其中；而“view”是要看，不仅用眼看，也要用心观察。

大多数情况下，有特殊目的、有双方交流与互动的谈话，是人们的不二选择。人们通过“访”，通过一定情境中的双向沟通、聆听和观察，来搜集样本的资料，对样本或其所代表的总体进行研究。

访谈广泛应用于求职、咨询、新闻采访、学术研究等，其中以为撰写“口述实录”而进行的访谈对真实性的还原度要求最高。因为这种访谈的目的，是“为后世立言、立信”，也就是要以新闻报道或学术著作的形式，留给

---

① 黄红英．非虚构创作训练体系是一种认知治疗——以李华《写出心灵深处的故事：非虚构创作指南》为例［J］．广西科技师范学院学报，2016（6）：19－23.

后人了解现在或者历史的信息。

在访谈过程中，尽管说话者和倾听者的角色经常互换，但归根到底，访员是听话者，受访人是谈话者。访员的职责，就是把受访人的意思真实地记录下来。

访谈有非正式的，如亲友间的互访；也有正式的，这是本章所要探讨的课题。

如果说，前文的几个问题决定了某人或某事是否值得访谈的话，那么下面的问题则涉及访谈的步骤：

（1）拟定目标，明白为什么要这么做（Why），以及将要做什么（What）。

（2）由谁（Who）来做，确保执行者具备相应的能力，能明白你的意图，严格执行访谈要求；最好与自己的优势互补。

（3）访谈谁（Whom），通常是当事人或其亲友、目击者或某方面的专家。

（4）怎样达成目标（How），比如是否需要中间人、向导、翻译或其他帮助。

（5）与被访谈对象确定访谈的具体时间（When）和地点（Where）。

这 6W + 1H 的核心，是 Why，即为什么要这么做。我们必须对目标有非常清晰的认识。我们的创意以及访谈大纲，都将围绕我们的目标——Why 展开。

（三）策划：访谈大纲

访谈是人际传播的特殊形式，是传受双方的互动。成功的访谈，就是采访人与受访人之间一次成功的对话。它与日常生活会话不同，既不是熟人之间的交流，也不是陌生人之间漫无边际的聊天，而是陌生人之间的交心[①]——如不交心，则说明访谈没有达到一定的深度与广度。

为了确保访谈取得理想的效果，我们必须在出发前撰写采访大纲，明确访谈的目的、意义、主题、计划、要提的问题、提问的顺序和层次，以及需要注意的敏感事项、需要留意的新线索、需要提防的不实信息等。毫无疑问，这样一份纲领性的文件对访谈的成效至关重要。

我们将在下文的写作设计中展示访谈大纲的确立过程。

（四）行动：访谈执行

确立访谈大纲之后，访谈者需要思考：如何让访谈对象说出自己的故事？

---

① 陈墨．口述史学研究：多学科视角［M］．北京：人民出版社，2015：188.

对方愿意接受采访是前提；让对方说出自己的故事（完整而准确的故事）是目的；而能挖掘所需要的信息并判断出对方所传递信息的真实性则是采访者采访水平的体现。为此，在提出采访请求时，必须了解对方的心理和感情，尤其是在灾难性事件中，要避免受访人由于采访而受到二次伤害，还要防止出现对方拒绝采访或有意回避话题、说出虚假信息的情况。

在具体的访谈活动中，我们有以下建议：

（1）让人们谈论起来。

（2）学会问问题，引导对象有针对性地用他们自己的语言讲述或回答你想问的问题，从而获得有趣、生动、如实的答案。

（3）学会倾听，给对方营造打开心扉、畅所欲言的氛围。

（4）做好记录。

（五）写作：口述资料的文本化

在收集了丰富的口述资料后，接下来要做的，就是整理录音文件，将口语资料转变为文本资料。其方式有两种：一种是问答式写作；另一种是专题式写作，即按照时间顺序或事情发展的逻辑顺序来整理资料。

问答式写作保留了较多的口语形式，比较容易回溯到实际访谈时的互动情景，便于日后重新查找录音带的内容，对受访者和访谈资料进行二次话语分析、文本分析或内容分析。但这种方式也有缺点：口语表述往往语句不规范、不完整；有的受访对象可能会有比较多的口头禅，完全照搬照录的话，口语化太明显。据说在实际工作中，就常常出现把原始录音文本交给受访人看后，受访人大吃一惊的情况：我的语言怎么这么琐碎、零乱、啰嗦、跳跃、含糊？[①] 因此，除非对方是学者、专家，口语表达非常简练、流畅，有特色，[②] 一般不使用这种方式。

实际上，大多数的口述实录，采访人与受访人在意的都是“录”的内容，而不是形式，即文本是否是“口述”的忠实呈现。因此，多数访谈者在撰写文本时，通常会抹去口语的痕迹。当然，采访人也可以就如何整理文本征求受访人的意见。

从近期大受欢迎的《中华诗词大会》《朗读者》《我是演讲家》等语言类

---

① 陈墨．口述史学研究：多学科视角［M］．北京：人民出版社，2015：250.

② “由于师哲有其独特的语言风格，如半文半白，形容词、名词性定语使用频率高（俄文的特点），倒装句较多等，我在整理的过程中尽量予以保留，同时力求使本书的语言朴素流畅。”见师哲口述，李海文著．在历史巨人身边：师哲回忆录［M］．北京：九州出版社，2015：6.

节目来看，无论何时，受众对语言美的追求都是不变的；无论是电视上的访谈节目，还是网络上的互动频道，都要以受众感受到语言的优美为目标。

当然，在整理文本时，我们也应该最大限度地保持采访的现场感和语言风格，避免书面语对口语风格的遮蔽。具体而言，在整理资料时，我们要合并同类项，把同一主题下相关联的因素放在一起，分层叙述。还要注意把口述资料与文献资料结合起来使用。比如柴静在其主持的《看见》之“熊之辩”中，就结合使用了栏目组自己寻找的资料。著名的口述史学家唐德刚也说过：“我替胡适之先生写口述历史，胡先生的口述只占50%，另50%要我自己找资料加以印证。写‘李宗仁口述历史’更麻烦，因为李先生是军人，他连写封信都要秘书，口述时也随便讲讲，我必须细心地找资料去编、去写、去考证，不明白的还要回头和他再商讨。”①

口述资料不应该以孤证自满，应该尽量寻找旁证，尤其是发现手头的口述资料与历史文献或其他人的口述资料相矛盾时，更要深入挖掘、小心求证，避免信息不客观、不真实。

三、写作设计

本部分的写作设计将按照逻辑顺序，完整地介绍一个口述实录写作的案例。

（一）创意提取

创意是什么？是想出或做出了其他人没有想过或做过的东西，即别出心裁的创造。②

如前所说，口述实录中的创意，是从对新闻价值的判断开始的。

给定题材，让写作者对其讨论、分析，确定访谈主题、方式及价值，从而在这个过程中培养学生慧眼识珠，从“平淡”中挖掘“不凡”的能力。

比如以下题材：

前几年，厦门市在全国率先设立交通法庭，把行政调解、责任认定、定损理赔和司法救济程序结合在一起，成效显著：仅去年一年，全市6个交通法庭共受理案件6 285件，审结6 258件，结案率达到99.57%，其中调撤5 832

① 唐德刚．史学与文学［M］．上海：华东师范大学出版社，1999：2.

② 何建强．谈写作中的创意和比喻［J］．管理观察，2010（2）：9.

件，调撤率高达93.19%。厦门市政府打算在此基础上，把公检法、保险等相关单位组织在一起，成立道路交通事故调处中心，致力于解决群众反映的理赔难、救济难问题。

请问：这个题材有访谈的价值吗？如果有，访谈的着眼点应该放在哪里？

初学者可能会说：放在厦门市政府如何建立厦门市“道路交通事故调处中心”上，或者厦门市法院如何敢为天下先，为民办实事上……

根据这个着眼点反思：如果这样写，读者还爱看吗？应该怎样访和谈，写出来的东西才能引起更多人的兴趣和关注？

在车辆越来越多、交通事故也越来越多的今天，遭遇交通事故的可能性增加了。若遇到了交通事故，交通法庭会怎么做？它的处理方式与以前有什么不同？交通事故发生后，能公平地认定事故责任吗？如何合理地定损、高效地理赔？……

当写作者意识到这才是大众关心的问题时，访谈的主题也就脱颖而出了。

（二）创作访谈大纲

确定了主题之后，就要围绕主题，建构一份访谈大纲。这方面，可以从以下两个步骤着手：

第一步，观摩式学习。写作者可以每3～5人组成一个学习小组，[①] 去观看一个访谈或类访谈性质的电视专题节目，如《口述》《大家》《见证》《记忆》《谁在说》《忏悔录》《可凡倾听》《焦点访谈》等。写作者需要边看边记录下这期节目的访谈大纲，分析主持人提出了哪些问题以及问题之间的逻辑关系。如果不同的团队对同一个题材做了专题节目，那还应对同题材的专题节目的异同、优缺点进行比较。比如前些年，由归真堂上市引发了人们对“活熊取胆模式”的争议，中央电视台的《看见》、凤凰卫视的《锵锵三人行》和《一虎一席谈》栏目都制作了以此为题材的专题电视节目，动物保护组织还拍摄了纪录片《月亮熊》。

以观看中央电视台柴静主持的《看见》之“熊之辩”为例，柴静在节目中，分别采访了归真堂创始人邱淑花、动物保护专家张晓海、中药专家以及归真堂员工管理层等。

---

① 乔纳·莱勒．想象：创造力的艺术与科学［M］．简学，邓雷群，译．杭州：浙江人民出版社，2014：135－166．见“Q的威力”一章：研究表明，就创造力而言，团队互动比单人思索效果好；建设性批评比头脑风暴效果好。

提出的问题有：

（1）（从邱淑花的话判断，柴静曾问她）你如何看待人们反对归真堂上市？（邱答：人们30年前不反对，现在反对，是一种迫害。）

（2）（问邱淑花）有没有一种可能，是现在的社会发展了30年之后，对于动物的保护意识比以前强了很多？声音也大了很多？（答：那这个我就不知道了。）

（3）（问张晓海）那么归真堂可能会问你，你们救助的黑熊当中，有我们归真堂的熊吗？（答：没有。）

（4）（问张晓海）她会想为什么矛头要指向我们这个企业，还没有证据声明我们企业确实虐待过黑熊？（答：首先我不针对她，我针对整个产业。）

（5）（问张晓海）那她可能会说，你如果在任何一个行业中，拿出极端事例，想要推翻这个行业的话，都可以做到。（答：它不极端。）

……

通过分析发现，“熊之辩”从采访处于风口浪尖上的归真堂创始人邱淑花入手，让持不同观点的人在镜头前相互质疑和辩驳。而柴静（访谈者）则以主持人的身份，在中间起到了穿针引线的作用，通过她抛出的一个一个问题，各方的态度、争议的焦点都展现在观众面前，无可遁逃也无可隐瞒。在这个过程中，访谈者（柴静）看似没有观点，但通过反复问答和事实的铺垫，却能引导观众得出自己的结论，而且整期节目剪辑得非常紧凑。

通过比较还可以发现，无论是哪个电视台的栏目，摄制组事前都做了大量功课，收集了各方哪怕是很细微的争议，访谈能够围绕争议的焦点展开。相比之下，其中“熊之辩”对活熊取胆现场的观察和对场外专家的采访都很到位，而柴静自始至终客观冷静的态度和层层剥笋式的提问尤其令人称道。就“活熊取胆”主题而言，他们认为“熊之辩”略胜一筹。

这样一个专题研讨下来，我们会意识到：访谈之前，必须先查找大量的资料，了解相关事实与争议，否则闭门造车很难提出有针对性的问题。而访谈过程中，问题与问题之间的逻辑关系必须非常紧密且清晰。

这一过程既能训练学生的逻辑思维能力，又能提高他们细化问题的能力，还能提高学生的鉴赏、认知水平，可谓一举多得。

由于每隔一段时间，就会有新的热点新闻题材出现，所以永远不会缺乏可供分析的素材。

在对访谈有了初步认识后，可以进入下一个步骤。

第二步，模拟式练习。同样以小组为单位，给每个小组一个现实的题材，设想组员将就此题材做一次访谈，要求撰写一个访谈大纲，然后对此大纲展开“建设性批评”。

比如就徐玉玉诈骗案，会经过如下阶段：

如何看待徐玉玉被骗案？访谈大纲如下：

1. 采访犯罪嫌疑人

（1）为什么要去诈骗？

（2）诈骗成员之间是怎样合作的？

（3）骗来的钱怎么花？

（4）良心上是否有过不安？

2. 采访徐玉玉的老师、同学和亲友

（1）徐玉玉是怎样的人？

（2）现在她父母的心情如何？

3. 采访大学生或即将步入大学校门的学生

（1）如何看待徐玉玉被骗案？自己是否遭遇过诈骗或有过被骗的经历？

（2）自己如果被骗了会怎样想？怎样做？

4. 采访公安机关

（1）为何徐玉玉案能迅速侦破？是技术手段的突破，还是因为别的因素？

（2）这是否意味着今后此类诈骗案件都能迅速破获？

（3）万一被骗了，应该采取什么措施来避免或挽回损失？

大家将在思考中发现不能把主题定位在“如何看待”徐玉玉被骗案上，而应该探讨为什么会发生这样的悲剧，应该深入挖掘犯罪的根源，把重点放在“如何防止此类悲剧重演”的方向上。

经过查找资料，访谈者们发现嫌犯生长在一个诈骗成风的村庄，嫌犯的家庭经济情况也并不好，除了诈骗，他一无所长；对于一个不想到工厂流水线上做苦力的人来说，诈骗是来钱最快且最为安逸的赚钱方式。

那么，是不是有钱了就不会去诈骗了呢？经过上网搜索，会发现我国有富人诈骗案，发达国家和地区也有诈骗案，可见贪婪才是罪恶之源。

在对这些信息进行搜集的基础上，可以进一步思考：如何防止此类悲剧重演？

我们思考的答案或许是：

政府必须加大扶贫、脱贫工作力度，加大教育投入，让人们能够有一技之长，能够通过正当劳动维持一份体面的收入……

全国受骗的人不少，有的人受骗金额比徐玉玉还多，但并没有寻死，可见在这起悲剧中，徐玉玉本人的防骗能力、心理抗压能力以及受骗后的处置能力都有待提高……

通过上述分析，主题改为：徐玉玉启示录。访谈大纲如下——

1. 走访嫌犯所在的村庄，了解其生长、生活环境

（1）村名、村容、村貌和村民的经济收入情况。

（2）了解嫌犯个人的因素：为什么要去行骗？是否有从事正当职业的经历？

（3）他是如何走上诈骗道路并且在歧途上越走越远的？

（4）骗来的钱一般怎么花？是否有过良心上的不安？

2. 采访公安部门

（1）诈骗大多数发生在什么情况下？大多数诈骗犯与受害者都是什么样的人？

（2）当前国内的主要诈骗手段有哪些？公民应如何防止被骗？

（3）万一被骗了，应该采取什么措施来避免或挽回损失？

（4）国外和发达地区的诈骗现象与国内的有何异同？可否举例说明？

（5）这次徐玉玉案是怎样迅速侦破的？其经验是什么？

（6）网传当地诈骗成风，当地公安机关如何看待这一问题？

3. 采访当地官员

（1）这些年来，当地政府的扶贫投入和成效如何？今后还将采取哪些措施？

（2）此案发生后，当地政府采取了哪些措施来遏制当地诈骗成风的现象？

4. 采访教育界专家

（1）如何评价当前以及当地的义务教育水平和职业教育水平？

（2）学校和家长如何提高孩子的心理抗压能力？

5. 采访法官和律师

（1）根据法律，诈骗者会受到怎样的处罚？

（2）国外对诈骗分子是如何判决的？

（3）电话诈骗中，移动公司或电信部门是否要承担一定的法律责任？

6. 采访移动公司、电信部门和银行
（1）移动公司、电信部门和银行系统内，是否可能存在漏洞？
（2）可否从技术上防止此类诈骗案件再次发生？
（3）万一被骗了，应该采取什么措施来避免或挽回损失？
7. 采访徐玉玉的老师、同学和亲友
（1）徐玉玉是个怎样的人？
（2）徐玉玉父母的心情如何？
8. 采访大学生或即将步入大学校门的学生
（1）如何看待徐玉玉被骗案？
（2）如果自己被骗了会怎样想，怎样做？

在这样的讨论后，我们可以进一步找出不同媒体对徐玉玉案的报道并进行对比。通过对比，不难发现这个大纲比许多媒体的报道全面和深刻，由此便可建立更强大的自信心。

当受访人举例说明的时候，场景、对话、细节、观察的角度（着眼点）、当事人的内心活动和性格，法官所引用的法律条文、使用的调解方法、处理的结果……便都一一展开了！“案例法”和“比较法”都是屡试不爽的提问法。

在这里，我们提供一个访谈大纲的模板，但不限于如下问题：

问题类型	问题	注意事项
自传性问题	姓名、性别、出生年月、籍贯、民族、信仰、职业、文化程度、联系方式等	①可事先通过报刊或其他文献资料，或受访者的亲友、同事了解受访者的基本情况；②注意不能侵犯他人的隐私；③为每位受访者建立一个档案
事件性问题	请受访者描述某人物、事件、地点、经验	①有时需要访谈多人以达到全面与互证的效果；②大型访谈要为后期资料分析提供预编码
探测性问题	如何解决某一问题或矛盾	大多是专业性、行业性问题，需针对受访者本人或所研究的领域，进行知识准备，避免问过于浅显无关的问题
对比式问题	请受访者就某一情境或事件进行比较，或讨论其意义，或比较其特点	①可以有预测，再在访谈中检验和校正；②不可以事先设计或预测诱导受访谈者，不可以限制或回避受访者的某一记忆或陈述

还需标明访谈前需要确认无误的事务性准备工作，包括但不限于：

（1）个人随身用品：身份证明资料（包括身份证和介绍信）、手机、钥匙、钱包、雨具、防晒霜、防中暑药品等。

（2）访谈纸质材料：笔记本，采访提纲，事先设计的问卷、表格、模板等。

（3）访谈电子设备：录音设备、录像设备，还包括充电器和充足电的备用电池。

（4）确定是否需要翻译或中间人。

（三）实地访谈

访谈大纲的创作完成后，将进入下一个活动阶段——实地访谈。

在这一个环节里，我们要求每组学生完成一个访谈作业。在访谈前，每个小组已经确定了一份访谈大纲。实地访谈完成后，我们将在讨论中对比分析访谈的实际情况与大纲有什么区别，从中寻找缺漏，总结教训。

也就是说，学生除提交访谈成果外，还要提交一份心得体验。

以下是一组学生的访谈大纲和心得。

作业案例：访谈图书馆的清洁阿姨。

问题及答案如下：

（1）您今年几岁了？（今年50岁。）

（2）您在这里工作几年了？（阿姨是附近村民，来此图书馆工作已有3年了。）

（3）您为什么会选择这份工作？（帮助养家糊口呗。）

（4）您每天的主要工作是什么？（抹桌子、扫地、拖地等。）

（5）您的家庭成员还有哪些？（有丈夫、公公、婆婆、1个儿子和2个女儿。）

（6）孩子都上学了吗？（是，2个上中学，1个读小学。）

（7）做这份工作会影响您的家庭生活吗？（不会，孩子白天去上学，自己白天来上班。公公、婆婆在家里做家务、做饭，晚上回家，一家人在一起边吃饭边聊天。饭后孩子去里屋做作业，大人们在客厅看电视。）

（8）您有什么困难我们可以帮忙或者有什么话想通过我们转告学生们的吗？（阿姨希望同学们尽量不要带食物进图书馆；就算带进去了，也不要将垃圾留在座位上，能够带出去扔进垃圾筒里。）

学生访谈感悟：我们每天从图书馆进进出出，从来没有注意过那些清洁人员，也不知怎么才能让他们乐意接受我们的采访。后来通过在图书馆勤工俭学的覃同学的介绍，阿姨才同意接受我们的访谈。而阿姨之所以相信覃同学，是因为覃同学看到阿姨时总会和她问好、打招呼。可见，访谈是建立在相互信任的基础上的。而尊重又是信任的前提。对于专业的访谈工作者来说，平时的形象和口碑很重要。

我们在访谈中发现，阿姨的手始终没有停下来，一直在工作。她在清洁桌子时，要将椅子一张张摆回原处。在此，我们呼吁同学们看完书离开的时候，能将椅子放回原处。我们的举手之劳，能为阿姨节省大量的时间和体力，让她早点回家与家人团聚。

点评：这是一个比较简单的访谈，所提的基本上是自传性、封闭性、浅表性的问题。在执行层面，发现让受邀者愿意接受采访、敞开心扉不是件容易的事，从而领悟到人与人之间的相互尊重与信任最宝贵。

如果事前通过雇佣方（图书馆）了解到阿姨是附近村的村民，或者在得知这一点后，抓住这个新出现的线索，开拓思路，围绕学校在附近村庄招了多少人，学校对附近村庄村民的生活、工作与文化教育有什么影响，围绕校村共建，睦邻友好这一点来提问，并对图书馆和学校作补充采访，这一访谈就更有意义了。所以，无论采访对象是谁，事先明确访谈目的、做好充足的准备很重要。

（四）口述实录撰写

访员是口述资料的搜集者和记录者。在收集了丰富的口述资料后，接下来要做的，就是整理录音文件，将口语资料转变为文本资料。

这一部分的难点主要存在于：“口语表达”与“书面语规范”的天然矛盾。要解决这个问题，写作者必须具有扎实的文字能力、写作能力和非常强的耐心。

下面以学生对某次很成功的讲座所做的记录为例：

这里要说的就是出生草根家庭，先天营养不足不仅指身体上的营养不足，而且我们在成长的背景上也得不到长辈的支持，完全靠自己。讲到营养不足，我再跟你们讲一个人，你们知道……知道格拉几是谁吗？有没有人知道？没一个人知道是吧？如果知道的人就说一下这个人有什么事迹，他这个人的形象就不是一个高大上的形象，对吧？他也是一个草根，他草根到什么程度呢？从小学习成绩不好，出生于一个普通的家庭，平均成绩是D，他看似人生一片暗淡，高中毕业后，他就去超市里面搬货，把那些货物一堆一堆放到货架上，去推销电话卡，去送礼品鲜花，都是很简单的，他没有你们这样厉害，还能考上大学，他考不上，那么他只能去做那些简单的劳动，但是他有一个很大的爱好，喜欢新闻，然后他就攒钱给自己买了台电脑，很多人买电脑就是玩游戏，他买电脑看新闻，他每次经过美国哥伦比亚广播公司，都在想，以后要进去工作，但是他连门都没有，最后他努力的成果就是到广播公司下属的一家礼品店去送礼品，终于跟新闻搭上一点儿关系了，但是他的前途还是一片暗淡，但是他看新闻慢慢地就有点儿不满足了，他就把自己觉得有意思的新闻拷出来，他没有经过新闻的专业培训，不知道那些新闻的规则，不按规则出牌……

这一段，讲的是美国“德拉吉报道”（Drudge Report）网站的创办人德拉吉的故事。演讲者看到这段记录后很惊异：“我当初是这样说的吗?”

于是，他动手把这段话改成了下面这个样子：

草根阶层有没有逆袭成功的呢？有！你们知道德拉吉吗？不知道？那么你们知道克林顿的“拉链门”事件吗？知道！爆出“拉链门”、把克林顿逼得几乎去跳楼、几乎被弹劾的人，就是德拉吉！

德拉吉出生于一个普通的平民家庭，6岁时父母就离异了。他的学习成绩也很普通，小时候的平均成绩是D，在及格的边缘。他没有你们厉害，你们能考上大学，他考不上。高中毕业后，他身无长技，只能从事简单劳动：去超市里面搬货，把货物一堆一堆放到货架上；或者到麦当劳去打杂，去推销电话卡，去礼品店送鲜花……每次他经过美国哥伦比亚广播公司的时候，都想“以后要是能进去工作就好了”，但是以他的成绩，连门都没有！要知道即使是名校新闻系的毕业生要进哥伦比亚广播公司都不容易！他努力的成果，就是到哥伦比亚广播公司下属的一家礼品店去送礼品，总算跟新闻搭上一点儿关系了！但是他的前途看上去还是一片暗淡，似乎他这一辈子也就这样，只能这样了！

但是他有一个很大的爱好：喜欢新闻。他攒钱给自己买了一台电脑，买电脑来干什么呢？打游戏？不！看新闻！在搬完一天的货物之后，回到他租住的那个又小又闷的阁楼里，第一件事就是迫不及待地打开电脑，浏览各大新闻网站的新闻；看完了公开报道后，他还不满足，再去挖各大新闻机构抛弃不用的新闻……看着看着，他不满足了，开始自己动手编新闻，于是“德拉吉报道”

（Drudge Report）诞生了……

比较上面两段文本，我们会发现，在把口语转化为书面语的过程中，演讲者本人做了以下几项工作：

（1）他更正了这段话的主题：原来的主题是“草根阶层的孩子往往‘营养不良’（成功更不容易）”，到形成文字时，则成了一个“草根逆袭”的励志故事，即使是训练有素的专家，在演讲中也难免出现词不达意或前言不搭后语的情况。受现场语境的影响，听众可能会“过耳即忘”。但在书面表达中，论点与论据的结合应该更紧密。遇到这种情况，采访人能在现场通过追问“您的意思是……”来获得受访人的真实想法，事后悄悄地更正过来并给受访者过目，或是在征得演讲者的同意后修正。

（2）他更正了记录者的听觉谬误，把主人公“格拉儿”更正为“德拉吉”。

（3）他调整了个别语句的先后顺序，使文章更有条理性。

（4）他增删了某些语句，使意思表示更加明确。

（5）他用问号、叹号、分号、句号和分段等手段，使话语的层次更分明，同时弥补了因诉诸听觉与诉诸视觉的不同表达方式而产生的缺憾，如口语中的快慢高低、抑扬顿挫、语调语态和身体语言等。

（6）至于个别字词的修改就更多了，此处不一一列举。

下面，再以一篇学生习作为例，来说明如何访谈以及将口述资料转化为文本资料时要注意的问题，点评穿插在文中。

火眼金睛辨宝物　鉴宝专家进北流

人头攒动的大厅里，他不时抬头，忽地又低头看看手机，随后掏出一张白色的小纸条，细细地看一眼后，再慢慢地收进口袋，又低下头来，摸一摸放在怀中的纸箱，才靠在座椅上，专心地听现场广播。

这一段不是访谈内容，是访谈前对受访者神态表情动作的观察，捕捉得很到位，把受访者焦躁不安的心态刻画出来了。

这是4月18日上午10点38分，在北流市举行的第七届北流国际陶博会“鉴宝专家进北流”活动现场中的一幕。

画面中的人叫黄蕾，北流新荣镇人，今天他和他的父亲带了三件藏品来到鉴宝现场，想让专家帮忙鉴定。

那张白色的小纸条是他们报名时抽到的号码，广播员念到号码后，他们才可以把藏品拿上去鉴定。

“这不是我第一次拿这三件藏品来鉴定，两年前我和我爸在柳州那里已经鉴定过了，还得上了柳州报。当时我们北流的博物馆给10万元让我们捐了，我爸不干！”面对记者的采访，黄蕾有些自豪地说道。

这里的“得”是广西人的口头禅，留着可保留广西人地方语言的原生态特色。但由于全文只此一处，所以删除更好。后面那句话，最好将其改为：“当时北流博物馆给10万元要我们捐了……”因为这是口语不规范的表述，与原生态特色无关。

~~采访中，记者了解到~~，这三件藏品，都是从黄蕾的爷爷那里传下来的，小时候他还经常拿来玩。“现在这些都成了宝贝，我跟我爸拿来再鉴定的目的，就是想再详细了解一下这几件东西，不会轻易出卖。”~~谈到此次来鉴宝的目的，黄蕾说道。~~

在将口语资料转化为文本资料时，可采用蒙太奇手法，适当跳跃。而且访员/记者最好躲在文章后面，要让读者始终把注意力放在文章的内容、主题上。因此本段中这两句交代性、过渡性的话可删除。

~~在活动现场，~~一个名叫黄子商的工作人员告诉记者，本次鉴宝活动共邀请了省内外吴念亲、王育成等九位著名的鉴宝专家，分别对报名参加鉴宝的作品进行海选和正选，随后会选出二十件最佳藏品、十大精品藏品，最终对获奖藏品**并**颁发荣誉证书。

黑体加下划线处的“并”字是修改时加上去的。这一段是对鉴宝活动“面”的介绍，穿插于此，起承上启下的作用，比放在开头更好。

上午11点15分，鉴宝现场的气氛愈发紧张。一位老先生及其同行的女士却在席上安静地等着，丝毫也不焦急。他们的面前，摆着好多件藏品。

~~采访中记者了解到~~，老先生名叫宁以尧，今年64岁，是本地人，平时喜好收藏古董，在本地小有名气。坐在他旁边的，是他的儿媳妇周女士。

“我今天和儿媳一共拿来五件藏品：一把明代的龙泉宝剑，长 65 厘米；一个古董薰炉，重 14.85 斤；一件广彩盆瓷器；一件清代膳盅；还有一件清代的红木基。”看着放在脚旁的藏品，老先生很骄傲：“收藏年头超 20 年的有三件，超 30 年的有两件。”这就是老先生带来鉴定的五件得意的藏品。

此处，修改了好几处标点符号。口述时不存在标点符号的问题，但转化成文本时，何时用冒号，何时用逗号，何时用分号，何时用顿号……都要符合语法规范。

“这些老古董啊，大部分是我以前‘下乡’去到农户家里收集的，也有一些是去市场~~那里~~淘的。”~~当记者问到这些藏品是怎样收集到的时候，老先生对记者解释道。~~

~~在鉴宝现场~~，老先生**边说边**很高兴地向记者展示自己最喜爱的藏品~~，也就是~~——那把包在黄布里头、长 65 厘米的龙泉宝剑。

尽管提倡短句短段，此处仍可把两段并为一段。删去的部分（下划线处）使文章看起来更简洁，更符合书面语规范。

~~对着记者~~，老先生很认真地拿起那块黄布，缓缓地解开布上的几个绳结，将布平放在纸箱上，然后展开，一柄剑露出头来。

这是一柄还插在剑鞘里头的宝剑，剑柄饱满光滑，鞘身很窄，剑身细长。在乌黑的剑鞘中间，刻着一条飞龙，飞龙上方刻着篆体的“泉”字。老先生说，这就是这把剑~~为何被~~叫做“龙泉宝剑”的原因。

“这些古董先生您收藏了那么多年，为什么~~选择在~~今天才拿出来鉴定呢？”~~看到老先生这么热情地展示自己的藏品，记者道出了心中的疑问。~~

“之前比较忙嘛，也没什么想法，现在这个鉴宝活动就在咱们这儿进行，我也是想借这个机会跟专家、~~跟~~朋友们分享~~分享~~我的藏品。”~~面对记者的疑惑，~~老先生解释道。

~~在本次采访活动中，~~记者还采访到了鉴宝专家伍秋鹏。

~~采访中，~~伍秋鹏告诉记者，~~在~~他今天鉴定的~~众多~~藏品中，假的、仿的藏品居多，真的、有价值的藏品比较少。（此处三段可并为一段。）

——“很多都是仿品，比如刚才我鉴定~~到~~的一个小鼎，说是清代的~~一件~~青铜器，泥用得很好，纹理也清楚，但其实只是个仿品，~~是仿古代的鼎，为什么~~

~~呢?~~因为鼎下的印明显是拓出来的。”~~伍秋鹏对记者说。~~

~~伍秋鹏~~他希望众多爱好收藏~~古董~~的藏友们多学习一些关于古董的常识，才能~~更好的~~收藏到真正的古董，而不是那些以假乱真的仿制品。

可见，口述实录不是口述“死”录，不能把受访者不简练的语言甚至语法错误都刻板地、原封不动地写入文章中。在不影响受访人原意的前提下，可适当修改个别字词以让语句更流畅、简练。

——至此，记者的本次采访活动，宣告结束。

前面采访了黄蕾和宁以尧，也从他们那里了解到他们的东西有收藏价值，却没有详细了解他们的藏品是真品还是仿品、什么年代的，并到鉴宝专家那里核实，寻求旁证。也没有留下三位的联系电话，无法回访，以致留下悬而未解之谜，这是本文的遗憾。

经老师提醒，他将结尾改为：

经鉴定，宁以尧的那把龙泉宝剑不是明代而是中华人民共和国成立初期的；宁以尧的其余四件藏品和黄蕾的三件藏品各有不同的收藏价值。

在偌大的“北流国际陶博会”现场，人群熙熙攘攘，展品琳琅满目，各具特色，令人眼花缭乱。新手到了那里，很容易怯场或无所适从，不知道该问谁、访谁、写什么。本文作者是一位大一新生，第一次独自上阵，就能从纷扰的现场选取一个“点”——“鉴宝”这个主题，对来鉴宝的人、鉴宝会工作人员和鉴宝专家进行非结构式访谈，且访谈中注意观察人物的神态、动作、心理，巧妙地使用引语，对其来说，已属难得。

本章小结

在本章口述实录的写作练习中，我们将以访谈为基础，以扎实的文字组织能力为依托，完成一个非虚构类的写作实践。

通过本章节的写作练习，我们希望写作者获得以下能力：

（1）访谈大纲的选题与策划能力。

（2）访谈活动的执行能力。

（3）口述实录习作的文字组织能力。

所谓“听锣听声，听话听音”，对于写作者来说，人物的话外之音、心理活动，都要通过观察和记录人物的表情、动作、神态、语气等捕捉下来。

在本章的写作教学设计中，我们由浅入深地安排了多次练习，并希望引导写作者克服写作的心理障碍，投入访谈实践，进入对话情境，进而把口述语音转化为书面文本。

练习题

由浅入深，可依次做如下练习：

1. 提供一个题材，要求写作者拟一份访谈大纲。比如上文的“交通法庭”案例，可以发动学生以发散性思维进行讨论，3 ~4 人为一组拟一份大纲。

2. 要求写作者访谈自己的家人或同学，请他们说出一件自己最难忘/最难过/最感动/最开心的事，写下来，给受访人看，以受访人觉得准确无误为目标。

3. 选择一个村落，让学生确定访谈这个村里具有代表性的人，理由是什么？最后通过分头采访，记录下这几个村民的故事，来反映一个村庄的变迁。

4. 记录一个区域或一个民族的文化传承史，如某一文化是如何口口相传的。

附录　写作工坊教学实录——以广告策划为例

一、教学大纲

广告策划指的是广告作品的全部语言文字部分，包括广告作品中的语言文字符号；电视、网络、广播中广告脚本里对语音与镜头等的描述性文字。广告策划内含着特定的广告主题、创意，并且外向地接入市场。这一类型的写作最终将进入经济活动环节，并以获得经济利益为终极目的。

本类型的写作教学将在基本文类认知的基础上，以案例分析广告策划写作的创意类型为主，并通过具体的创意思维激发方式让学生在交流与讨论中获得创作资源，最终完成创作。

二、过程实录

老师：

请各位参考下图，首先在整体上了解广告策划的过程。箭头走向代表了广告策划的目的，它的最终指向是市场效益。

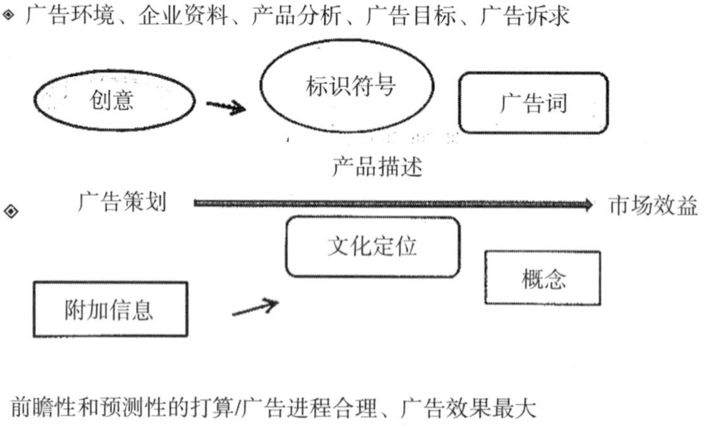

广告策划

我们发现，广告商会千方百计地让消费者、目标群体记住他们想要传递的信息。这些信息是什么呢？这些信息一定是与广告对象息息相关的。它可以是对产品的具体描述，也可以是对产品文化理念的口号式传达（广告推介词），还可以是产品标识符号的不断出现。如果我们仔细想一想，就会发现，商品在成为广告对象的时候，它总是经历着一个“文化包装”的过程。这其实是对商品本身的一种文化定位，让广告对象显得不那么平凡，显得更加“高大上”。

而同时呢，广告策划者绝对不会忘记，这个文化包装的过程并非绝对的随心所欲。他们一定会做出具有前瞻性、预测性的打算，以保证广告进程是合理的、广告效果能够达到最大化。这样才能在市场、在经济环节获取最大化的利益——这才是终极目标。

但是，广告策划最有活力的地方在于，策划者将充分调动自己大脑中的信息与知识，为广告对象增加一些“附加信息”，这些“附加信息”就是我们的创意所在。这是最有趣的地方。

请大家回想自己印象深刻的广告，平面广告或者是电视广告，什么类型的都可以，想一想它是怎么让你印象深刻的？

学生：

“娃哈哈广告我记得很清楚，我喜欢喝娃哈哈……”

“‘给妈妈洗脚’的公益广告，好感动哦！”

“好玩的广告让人印象深刻！”

“爱上彩虹、吃定彩虹……”

“一切皆有可能！”

……

几分钟的学生发言，自由、随机、不点名。

老师发言，发言内容是过渡性的：

那么，结合上图，联系同学们的回忆，我们接下来将以经验为基础，通过案例来看一看，广告策划创意的影响因素。

这里首先有几个维度给大家做参考，然后我们再在案例中具体分析创意发生的因素。

广告策划创意的影响因素参考：

（1）诉求：理性与感性。

（2）文艺元素：故事、诗歌、散文、戏剧……

（3）文化元素：形象、观念、优势号召、情感……

案例一：观念、文化

利郎商务男装广告："进，固然需要勇气。退，更需要智慧用心。取舍之间，彰显智慧。简约而不简单，利郎商务男装。"

香奈儿广告：I love luxury. And luxury lies not in richness and ornateness but in the absence of vulgarity. Vulgarity is the ugliest word in our language. I stay in the game to fight it.

（我爱奢侈。奢侈并不意味着贵重与装饰华丽，奢侈就是屏除粗俗。粗俗是我们语言中最丑的一个词。我从事设计就是为了对抗粗俗。）

老师："请大家看这两个案例。首先，我们来看第一个，这是利郎商务男装的电视广告，由陈道明主演。广告也很简单，一个成功、成熟的商务男士形象配合音乐与画外音。"

利郎商务男装广告视频播放。

老师："请大家看一看，这个广告为何被称为经典广告呢？"

学生："道明叔很帅呀！"

老师："优秀的演员为电视广告增色。"

学生："'简约而不简单'这个广告词很好。"

学生："这个广告词都成经典段子了。"

老师："所以，'简约而不简单'这几个字也不简单呀，这是这个广告最大的创意点。"

学生："一种成功人士的氛围，像一个样板。"

老师："这是深层次的创意点。我们一看这个广告：哇，道明叔很帅；哎，他穿着这衣服很有型、很有气质；咦，这个场景、这个成功商务人士的背影让人觉得气场很强大呀……这个时候，广告词'简约而不简单，利郎商务男装'出现了。于是，正当我们沉浸在如此有吸引力的画面中的时候，我们的耳边也同时响起富有磁性嗓音的广告词的提醒。而这个提醒，便将广告对象的文化定位落到了实处。但是实际上在几秒钟的广告时间内，我们不大容易发现这么深刻的东西。这正是这个广告的高明之处：它既让有可能成为目标消费群体的观众享受了审美的视频片段，又通过多媒体的结合，传递出商品的文化定位。在不动声色中让广告对象被受众接受。"

老师："那么这个香奈儿广告的经典之处在哪儿呢？"

学生："模特儿很美，仿佛你用了香奈儿，你就和模特儿一样美。"

老师："这确实也是一种很容易实现的心理暗示。"

学生："它也有一种文化定位，因为它提倡优雅，优雅的生活态度。"

老师："非常有道理。确实如此，而且这里面有个定义也是这个广告所独创的。第一句'我爱奢侈'。有多少人曾经正面赞扬过'奢侈'这件事?"

同学们互相张望："没有呢。"

老师："那么有多少同学从小被教导勤俭节约呢?"

很多学生举手。同学："勤俭节约是传家宝，老辈人说的!"

老师："在我们的国家尤其如此，我们特别崇尚节约，人们甚至将'奢侈'等同于'浪费'。这是我们的文化系统内部的价值观。但是香奈儿广告理直气壮地说'我爱奢侈'。于是大家睁大眼睛，内心震惊且疑惑。但是香奈儿广告接着说'奢侈并不意味着贵重与装饰华丽，奢侈就是屏除粗俗'。注意，概念在这句话里开始置换了：奢侈等于屏除粗俗。但是无论任何一个文化系统里，我们对奢侈的印象是这样的吗?"

学生："奢侈的时候，就是花钱呀。比如说，'今天出去奢侈一把'之类的。"

老师："但是香奈儿说'奢侈并不意味着贵重与装饰华丽，奢侈就是屏除粗俗'。这里并没有对错的争议，因为在这句话里，语言词汇的概念被重新定义了、文化定位也发生了转换。下一句递进地说出来'我从事设计就是为了对抗粗俗'。所以，最后，香奈儿被成功贴上了'优雅'的标签，正如前面的同学所言。尽管它的商品在事实上也确实属于高价位的消费品，但它对'奢侈品'有了全新的定义。"

案例二：抄袭？借势？

第一组：

超能洗衣液："超能女人用超能。"

立白天然皂液："我是女人，不要做超人，我要你呵护我。"

第二组：

农夫山泉："水是生命之源，水的质量决定的是生命的质量，我们不生产水，我们只做大自然的搬运工。"

恒大冰泉："不是所有大自然的水都是好水，恒大冰泉，世界三大好水，我们搬运的不是地表水，是3 000万年长白山原始森林深层火山矿泉。"

播放第一组广告视频。

老师："请大家看一看，这两组广告有趣在哪儿？第一组的第一个广告'超能女人用超能'。那么，什么样的女人是超能女人呢？"

学生："'能隐忍、能绽放'……超能女人是女强人，非常独立的那种。"

学生："现在女权主义者很多。"

老师："'女权主义'这个点很好。如果我们了解了女权主义的发生轨迹，就会发现，现在更流行女性主义的说法。再看超能洗衣液的广告：洗衣服这件事，似乎自古以来都是女性的工作，但是洗衣服的女人向来不是一个独立自主的、强势的形象。而超能洗衣液广告呢，让洗衣服的女人变得具有独立精神、具有个性了。这个'个性女人'就成了这个广告的文化定位。但是，这个系列的广告出现没多久，立白天然皂液却说：'我是女人，不要做超人，我要你呵护我。'那么，各位女同学，你们喜欢被呵护、还是希望自己无所不能？"

议论一分钟：女人是被呵护好，还是无所不能好？

学生："这其实也是不同的定位问题。"

老师："对的。因为立白天然皂液同期的广告标语是'天然无刺激'，所以'温柔呵护'其实是它原来的产品特点和试用体验。但是这里产生了多义性，既指产品本身'亲肤无刺激'，又暗示一种温柔的女性形象。"

学生："而且，观众很容易想到同期的超能洗衣液广告呀！"

老师："所以，这也是一种创意。或许，这种'借势'可以达到互相提高知名度、互利的效果。但是下面这一组广告的话题度更高。"

播放第二组广告视频。

学生："恒大冰泉的广告是对农夫山泉广告进行否定吗？"

老师："第二组的两个广告在形式上都不复杂，它们都是基于产品特性的描述而创作的广告。农夫山泉的广告较早，也很经典。恒大冰泉的广告在后。但是，恒大冰泉的广告很容易让人联想起农夫山泉的经典广告并做出对比。"

学生："农夫山泉广告出现的时候，确实令人觉得真诚，而且农夫山泉很好喝。然后经过这个广告，我们会获得一个认知：这么好喝的水是大自然中的纯净水。但恒大冰泉的广告让人立刻想起农夫山泉的这个经典广告，因为它在内容上说'不是所有大自然的水都是好水'，是为了强调它所用的水源更好，实际上有踩同类产品的嫌疑！"

老师："但是它获得了知名度。蹭热点、蹭经典，多多少少都会在提高热度上有点效果。我们以这两个案例为例子，大家可以思考，这种方法用得好，甚至可能产生二度创意。”

案例三：小动物们

播放视频：《猫师徒的夏日旅行》

广告背景：日本福岛核电站因地震而发生核泄漏事故之后，日本的旅游业遭受了很大的冲击。当地的旅游部门为了应对旅游业低谷、重新吸引游客前来观光旅游，制作了一系列的广告短片。这个视频是通过一大一小两只猫咪（猫师徒）的视角，介绍了“猫师徒”夏天去旅行的经历，借此向旅客宣传日本的旅游资源。

播放视频：《猫咪总动员》

广告介绍：猫咪向来是怕水的动物，而这个视频却以猫咪为主角拍了一个卫浴广告。一群惊慌的喵星人，策划着一次反抗。因为它们猜测自己将遭受洗澡的刑罚，于是它们躲藏、抗议，但是都没有用。被主人抓住的猫咪，以为面临绝境，然而发现新的卫浴给了它们快乐的体验。

老师：“这是通过小动物的视角去看世界哦！”

学生：“好萌啊！”

老师：“我们可以看到小动物出现在广告里的好处。比如，它可能自带某种属性：萌、暖心、可爱……这是创意来源之一。”

学生：“动物的广告有很多。比如忠诚的狗狗，憨态可掬的大熊猫……都曾经是广告的主角。”

老师：“当你以小动物为主角时，你将赋予它一个性格，同时你也将使用它原来的形象标签。这两个方面就构成了创意空间。”

案例四：好故事

播放视频：《益达系列广告》

广告介绍：这一系列广告，以女主与男主邂逅、旅行、分手、思念、重逢、矛盾、同行等情节为线索，讲述了一系列故事。

老师：“益达广告最好玩的地方在哪里？”

学生：“有情节啊！明星好看。”

老师：“我们看这些广告，就像看电影一样。大家有看过微电影吗？”

学生：“就是时间比较短，但是故事是完整的。”

老师："微电影的出现有个背景，它是在网络成熟、摄像技术门槛降低之后出现的。网络普及之后，微电影的广泛传播具备充分的技术条件。而以故事为载体，以微电影为样式的广告形式，继承了电影所有的优点，它是一个综合性的艺术作品。在这里，我们可以看到故事、性格丰满的人物、环境、音乐。益达广告的音乐就很怀旧、很文艺。这与桂纶镁的文艺女神形象相符，也与音乐、场景高度符合。这个'文艺范儿'最终成了益达口香糖的标签。益达口香糖最终只是个口香糖，可是通过这个电影系列广告，它甚至成为故事的见证者，令人印象深刻。这样的创意元素还包括：漫画、戏剧、曲艺等。"

"有了创意元素，我们能够让广告对象与同类事物相比，变得与众不同、拥有独特性。我们这里称为'附加值'。

比如一个普普通通的玻璃水杯，我问你这是什么？你告诉我：'这是一个玻璃水杯。'但是当它被做成了某个形状，而这个形状正好是当下流行的某个动漫里面出现过的杯子的形状，那么它就成了动漫周边产品。它的价值就比同类的玻璃水杯要高。这些价值，都是我们可以赋予的。

又如，你给你的杯子加以改造、贴上了标签，或通过你的表述，你的普通玻璃杯成了'轻生活'理念下的产品，那么这个杯子就被你赋予了附加值。它比它原来的基本属性就更有价值了——它不仅仅是喝水用具，更承载着一种生活理念。"

下面，我们将进行一个练习，请大家参考下图，然后随机选择一个物件，如水性笔、水杯、帽子、眼镜、笔记本、背包、运动鞋、高跟鞋等，根据图中所列步骤进行联想，为广告对象关联附加信息；通过小组讨论，最终为你的广告对象做两件事情：①赋予"附加值"；②选择合适的表达策略。

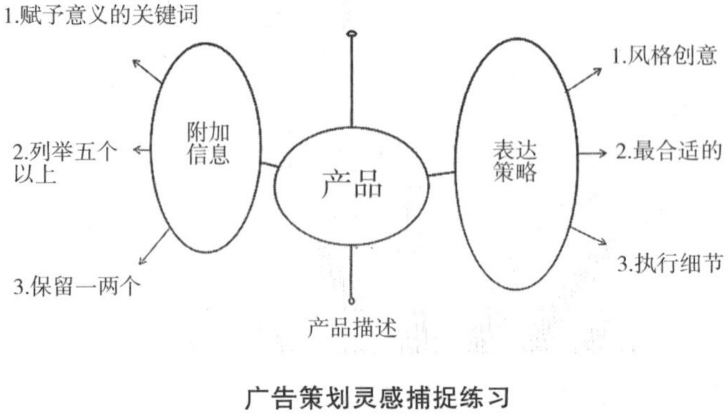

广告策划灵感捕捉练习

A 组学生："我们选择高跟鞋作为广告对象。刚刚我们说到了女权主义，我想给高跟鞋赋予附加意义'自信、梦想'。因为高跟鞋穿上之后，不仅身高增加了，而且人会显得人很挺拔、有精神。与此同时，站得更高又可以暗示看得更远，这让我想到了'梦想'。"

老师："那么我们可以创作好的广告内容，来表现你的产品理念。"

B 组学生："我们也是选择高跟鞋作为广告对象。因为我个子很矮，和朋友出门，我们来打开遮阳伞的时候，伞总是戳到小伙伴头部。他们吐槽我：'眼珠子都要被你的伞给戳下来了。'我想，如果穿上高跟鞋，我就没有这个烦恼了。我是从我的亲身感受、从实用性的角度去考虑的。我想通过一个故事、微电影来展示我的广告策划内容。"

老师："个人经历是最好的创意动机来源。"

C 组学生："前面的两个小组选择高跟鞋作为广告内容，我也想选择这个。尽管我是男生。但是我想做的是一个公益广告，虽然穿高跟鞋很美，但是高跟鞋穿久了，对脚是很不好的，很容易拇指外翻。所以穿高跟鞋其实不利于健康。我想通过多个广告途径宣传这一理念。"

老师："谢谢这位关爱女生健康的男同学，他以一种虚拟的理念作为广告对象，是为内容创意。公益广告很有意义，因为它宣传的是一种理念，甚至是普世情感。"

D 组学生："我们小组是眼镜广告。因为我们这几个人都是近视。我们希望有副眼镜，它轻便、清晰，镜片不容易被划伤……然后，我们的广告内容是这样的：一只猫咪摇摇晃晃地走在路上，在它的视野里，所有的东西都是摇摇晃晃的，危险的怪物在旁边走来走去。当它戴上了眼镜，它变成了人，周围的环境也变成了正常的环境，他走起路来稳稳当当。"

老师："哦！所以，你的猫咪其实是近视眼的人们的化身，当它戴上眼镜的时候，周围像是换了一个世界！"

E 组学生："我们策划了一个背包广告。因为女生们出门的时候经常要带很多东西，而有的背包虽然好看，但是容量不一定够大；容量大的，也许又比较重。总之有很多背包设计不合理，路程远了、时间久了人就会疲惫。我们宣传的背包轻便、容量大、设计合理不累肩膀、还好看，可以满足旅游、上班、逛街……任何情况下的需求。"

老师："这种背包太完美了！如果有这样的背包，我一定要买一个。因为所有背包的优点它都有了。"

搜集创意资源，同时考虑广告策划写作的体例，同学们的作业案例如下：

案例一：

“梦奇”高跟鞋广告策划书

一、导语

我们相信，几乎每位女孩子都有一个关于高跟鞋的梦。犹记得小时候我们偷穿妈妈的高跟鞋时，听着“嗒嗒”的声音就会特别满足。那时候，我们总希望自己快点长大，这样就能拥有自己的高跟鞋。长大了，我们终于有了自己的高跟鞋。

二、广告商品（虚拟品牌）

“梦奇”高跟鞋。

三、广告目的

面向大众，面向不同年龄、职业的女性，针对她们对高跟鞋的执着与追求，激起女性对“拥有属于自己、适合自己的高跟鞋”的愿望，使“梦奇”高跟鞋成为她们最贴心、最时尚的选择。

四、广告区域

（1）市场分布。

在现实中，高跟鞋市场主要面对中青年女性群体，而本产品的定位是经济、实惠、适用；因此户外广告计划分布在热闹的市区，包括商业街、商场分布的地方以及大学生群体和上班族集中分布的商业区。

（2）销售季节分析。

由于高跟鞋有季节限制，故而我们将根据季节变化来宣传不同类型的高跟鞋。比如夏季宣传宣传露趾鞋、鱼嘴鞋、绑带鞋等清凉款，冬季宣传圆头高跟鞋和高跟靴，雨季则宣传有防水台的高跟鞋。

五、广告对象

本产品的目标消费群体为中青年女性。

六、广告策略

本品牌的高跟鞋面向广大女性群体，将它与女性的“梦想”联系起来。以女性的成长过程中希望拥有一双属于自己的高跟鞋为出发点，唤起她们内心对梦想的追求，以一种正能量的方式达到广告宣传的效果。

七、广告标语

“梦奇”高跟鞋，让每个女孩站得更高，离梦想更近！

八、广告内容

本广告将以四个场景来完成，以下是广告脚本的分镜头：

第一幕：女孩八岁的时候

母亲提着菜用钥匙打开家门，在玄关脱下高跟鞋，摆放整齐，走进厨房。

房间内，小女孩听见响声，放下铅笔，打开房门跑出去。

（镜头拉近到小女孩的书桌上，铅笔压着的纸上画着高跟鞋的简图）

玄关处，小女孩小心翼翼地穿上妈妈摆放好的高跟鞋，她探头望了望厨房，缩回脑袋，低头看着自己脚上那双比自己的脚大出许多的高跟鞋，咬着唇偷偷地笑了起来……

（变暗，结束）

第二幕：女孩十八岁的时候

热闹的街市，人来人往。“梦奇”鞋店的橱窗前，三个年轻女孩穿着裙子，背着书包，肩并肩看着橱窗里的高跟鞋，赞叹着：“好好看啊！”

扎马尾的女孩攥紧双手，转头向两个同伴说：“进去吧，就当作我们的成人礼物。”三个女孩相视而笑，迫不及待地走进店里。

全身镜前，扎马尾的女孩穿着一双米色的高跟鞋，在镜子面前转来转去，看了又看，嘴角压不住笑意。

女孩脱了鞋子，坐在椅子上，悄悄地对同伴说：“总有一天，我也要设计出这么好看的、属于我的高跟鞋！”

三个女孩挨在一起笑。

（镜头拉远、模糊）

女孩自白：“十八岁那年，我终于有了梦寐以求的第一双高跟鞋，并且在那一刻，我坚定了我的梦想。”

（变暗，结束）

第三幕：女孩二十八岁的时候

明亮的办公区有着“梦奇”的LOGO，由远而近的“嗒嗒”声出现。

（镜头放低、拉近）

一双穿着黑色高跟鞋的腿优雅前行。

推开会议室的玻璃门，女孩穿着黑色高跟鞋，齐整的职业装，昂首挺胸，妆容精致的脸上是自信的微笑。

（镜头由下往上移）

女孩站在投影仪前鞠躬，然后开始向在座的人展示自己的高跟鞋设计稿，有条不紊地讲解着自己的设计。

（无声，轻快的镜头掠过）

展示结束，女孩再次鞠躬，会议室众人鼓掌、微笑。

（镜头转到女孩微笑的脸上，变暗，结束）

第四幕：女孩三十八岁的时候

女人一手提着购物袋，一手牵着一个小女孩，打开门，在玄关处脱下高跟鞋，走进厨房。

小女孩在客厅看了一会儿电视，起身跑去玄关，小心翼翼地穿上了妈妈的高跟鞋，摇摇晃晃地走了几步。

（镜头特写，鞋子上出现"梦奇"的标志）

（镜头拉到厨房）女人关掉水龙头，听见了"嗒嗒"的高跟鞋敲击地板的声音，还有稚气的笑声。她甩了甩手上的水，探头去看女儿。玄关橘色的灯打在女儿天真的笑脸上，母女俩相视而笑……

（慢镜头切向女孩笑眯眯的眼睛，再切向女人慈爱的脸）

最后，屏幕拼成一个大的画面，同时播出广告语"'梦奇'高跟鞋，让每个女孩站得更高，看得更远，怀抱梦想，漂亮地实现"。

点评：这个广告策划书以虚拟的高跟鞋品牌为广告对象，并在广告策略中赋予了该产品一个人文的意义——梦想，使得它与其他同类产品区别开来。而这个意义在广告内容里面，通过完整的广告脚本得以表现，是为创意。

案例二：

"拒绝高跟鞋"公益广告策划书

广告主题：关爱健康　脱下高跟鞋　其实你也很美

一、背景简介

随着女性权利意识的觉醒，现代女性越来越注重自我外在的形象与装扮。踏着一双高跟鞋，迈着优雅脚步的高挑身影常常出现在生活的各种场景中，这是众人习以为常的事情。社会上大多数人认为高跟鞋为女性的美丽增添了一份魅力，而女生们也常常陷入他人的赞许目光中难以自拔——哪怕穿着它并不舒服也在所不惜。

然而现代医学研究证明，穿高跟鞋会对女性造成较大的伤害，如由于负重力度的改变，使膝关节软骨磨损加重，诱发关节软骨病变，引发腰痛和颈椎病，导致拇指外翻，拇囊炎、锥状趾、跖骨关节疼痛甚至前脚掌压力性骨折。

二、广告目的

（1）向公众宣传高跟鞋对人体的危害，从而引起社会尤其是现代女性对健康问题的关注。

（2）提高公众对“爱美”与“健康”之间关系的认识。

（3）逐渐改变公众一味追求美感而不顾身体健康的价值取向，倡导自然、健康的生活理念。

三、实施方案

电视广告。

四、广告内容

镜头一：

高考成绩出来后，老师在黑板前，左手拿着一本翻开的前一年各高校录取成绩资料，右手拿着一支粉笔，身体侧向黑板而头扭向同学们，为同学们讲解填写志愿的方法。老师微笑地问大家：“大家以后想要做什么职业呢?”

一个男生脸上洋溢着喜悦的笑容：“我想当医生!”

镜头二：

大学里，男生坐在操场边上。一群又一群的穿着高跟鞋的女生有说有笑地经过，他的女友从中走出站在他面前，顺势坐在他身边，握住他的手，脸上露出了浅浅的微笑。

（在女生的微笑里，镜头下移到女生穿着高跟鞋的脚上。镜头特写。镜头拉远恢复到大镜头）

男生的眼光停留在女生的高跟鞋上，表情凝重，一言不发。

镜头三：

医院的门诊里，男子穿着白大褂为前来看病的女子开药。他在病历本写上内容，然后抬起头，叹了口气，对看病的女生说：“你是第三次来看脚了吧，你以后要是继续天天穿高跟鞋，你的脚就很难康复了。”

女生微微皱着眉头，抬头瞥了医生一眼，一言不发，拿好病历本和药单，身体弯曲，左手捂着左边的小腿肚，一颠一颠地离开了。

镜头四：

下一个看病的女生一颠一颠地走了进来，眉头皱成“川”字，眼角微微眯起，露出痛苦的表情。她对男子说：“医生，我的脚又痛了。”

医生抬头看看女生，摇头，叹了一声：“唉!”

（镜头在医生无奈的表情上定格0.5秒，再缓慢地经过女子难受的脸向门

外移去)

女子以及门外排起长长队伍的女生们均愁眉紧锁，露出痛苦的表情。

镜头五：

医院的小花园里，道路的两旁开满了鲜花。男生推着他的女友的轮椅慢悠悠地往前走。女生的脚上缠着纱布，如同包好的粽子一般鼓起来。女生一直在不停地叹气，对男生说："以后我再也不能陪你一起走了。"

男生放慢推车的速度，温柔宠溺地说："宝贝，想什么呢，我永远都会在你身边。"

女生懊恼地说："都怪我，不该不听你的劝告，一直穿着高跟鞋。"

男生揉了揉女生的头发，说："傻瓜，你在我心中永远都很美，哪怕你现在穿着纱布鞋的时候。"

男生和女生对视，同时扑哧一声笑出来。

(镜头特写两人的笑容，再移向道路远处)

不远处出现了很多推车的男性，轮椅上女性的脚都用白纱布裹得厚厚的。

镜头六：

家里的鞋柜旁边，女生坐在轮椅上，脚依旧缠着厚厚的白纱布。男生站在轮椅后面，鞋柜敞开，十多双各种款式的高跟鞋摆放在里面，平底鞋则放在最下层的边角处。女生拿起一双高跟鞋扔进垃圾桶。

(镜头特写高跟鞋划过的弧线，并在垃圾桶处定格0.5秒)

女生拿起平底鞋，对着镜头晃。

女生回头看男生，俩人对视笑了起来。

(镜头聚焦在平底鞋上，其他场景慢慢变模糊)

画外音：关爱健康，脱下高跟鞋，其实你也很美。

点评：该同学以"脱下高跟鞋"的理念作为公益广告的内容，主题创意突出。以某个共同话题让观众产生共鸣，是公益广告策划的有效路径。

后　记

近几年，不断有外校领导和老师到我校来交流创意写作教学的心得。

2016 年上半年，玉林师范学院的黄健云院长与两位老师前来交流，相谈甚欢。强烈感受到创意写作对中文传统专业转型的巨大影响，笔者当即提出可以联合几所二本院校共同编写一本具有实训性质的教材。黄健云院长首肯并商量同去上海出席创意写作大会，共同发起编写教材之事。可惜黄院长有事，未能到会。笔者在会上作了发言，得到大家的肯定。不久，笔者又去北京参加创意写作大会，葛红兵教授特意安排笔者作为二本院校的代表在大会上发言。

笔者在大会上表达了一个观点：上海大学、中国人民大学负责学科建设，负责创意写作学科的中国化；而对于我们这些二本院校来说，更多的工作是创意写作教学实践化，或者也可以说是使创意写作在中国落地。我们认为，二本院校以及广大的技术职业学院有大批的学生，他们需要接受创意写作的课程。这门课程对他们来说至少有两个作用：一是了解创意文化产业；二是通过召唤创意进行一种与市场对接的写作训练。这样的观点受到了各方的关注，被《人民日报》刊载，新华网、作家网等也给予了报道。这给笔者极大的鼓舞，笔者又与黄健云教授交流联系，他很快在玉林组织安排了一次教学研讨会。

玉林师范学院举办的“创意写作教学与应用型人才培养研讨会”，主要由四所院校的文学院院长以及团队参加。会上笔者充分阐释了“大学创意写作实训教程”的理念，得到与会者的充分肯定。大家群策群力，集思广益，很快讨论出教材大纲，多所大学的集体编写由此开始。感谢黄健云院长、杨厚均院长、刘伟院长和所有参加编写的老师。我们反复讨论，悉心研究，多次修改稿件。在这个过程中，笔者得到了两位创意写作博士的帮助——许峰与王雷雷与笔者反复研讨教材理念。王雷雷博士更是承担了教材的初审工作，她细致认真，甚至对教材作了细致点评。

感谢中国创意写作学科的倡导者、开拓者与带头人葛红兵教授为本书作序。我们同时怀有期待：葛红兵教授及其团队加快建设“理论武库”，以便我们可以及时获取更多的信息，在各平台上演练并获得成功。在此还要特别感谢暨南大学出版社的晏礼庆总编，他的果断拍板，使得这本教材能够迅速出版，保证新学期的教学用书。

在本书的编写过程中，各章执笔分工如下：

江冰、黄健云共同执笔：绪论。

王雷雷执笔：第一章、第三章及附录。

许峰执笔：第二章。

张立勇执笔：第四章。

刘伟执笔：第五章。

冯汝常执笔：第六章。

曾令霞执笔：第七章。

胡睿臻执笔：第八章。

阮娟、杨厚均共同执笔：第九章。

巫连心执笔：第十章。

最后，由江冰、王雷雷统稿。

我们将不断探索，力争再版时更加完善，使其成为一本名副其实的实训教程。

江　冰

2017 年 7 月于广州